# »Mit Verlaub, Sie sind ein Arschloch!«

## Joschkas schärfste Sprüche

Herausgegeben von
Matthias Ohnsmann

Europa Verlag
Hamburg · Wien

OhA! – Das Programm der kleinen Bücher im Europa Verlag

Die Deutsche Bibliothek –
CIP-Einheitsaufnahme
Ein Titelsatz für diese Publikation ist bei
Der Deutschen Bibliothek erhältlich.


Umschlaggestaltung:
Groothuis & Consorten, Hamburg
Layout und Satz: Anne-Christin Lohrmann, Hamburg
Sämtliche Illustrationen: Felix Mussil, Frankfurt/Main
Druck und Bindung: Offizin Andersen Nexö, Leipzig
ISBN 3-203-85027-3

Informationen über unser Programm erhalten Sie
beim Europa Verlag, Neuer Wall 10, 20354 Hamburg
oder unter www.europaverlag.de

DAS BIN ICH

Das ist meine Biografie. Das bin ich, Joschka Fischer.
Ohne meine Biografie wäre ich heute ein anderer,
und das fände ich gar nicht gut.

über seine linksradikale Vergangenheit, 2001, in: "Die Zeit"

# I. Zwischenrufe 1983 bis 1985

**braun schimmernder Nachlaßverwalter der nationalsozialistischen Ausländer-Polizeiverordnung**
zu Innenminister Zimmermann (CSU)

**Raketenkanzler**
zu Helmut Kohl (CDU)

**Dinosaurier des kalten Krieges**
zu CDU/CSU-Fraktionschef Dregger

**eine typische Dallas-Rede, die Sie da halten**
zu CDU/CSU-Fraktionschef Dregger

**Eckensteher**
zu Heiner Geißler (CDU)

**christliche Dreckschleuder**
zum CDU-Abgeordneten Althammer

**bleifreier Hanswurst**
zu Friedrich Zimmermann (CSU)

# II. Sprüche

## AFFENFELS

**Auf einem**
**Affenfelsen geht es**
**rationaler zu!**

über die zurückgenommene Senkung
des Soli-Zuschlags, 1996 im Bundestag

## AFFENSTALL

… ich meine Bonn, diese Existenz hier,
dieses Parlament, diesen ganzen
Affenstall, dieses Getue.
Es ist eine Kunstexistenz,
die man hier führt.
Ich war neulich wieder einmal
drei Tage in Frankfurt. Wenn ich
da durch den Hauptbahnhof gehe,
weiß ich, jetzt bin ich
wieder in der Bundesrepublik 1985.

über Bonn, 1985, in: "Playboy"

## *ALKOHOLIKERVERSAMMLUNG*

***Der Bundestag ist eine unglaubliche***
***Alkoholikerversammlung, die teilweise***
***ganz ordinär nach Schnaps stinkt.***
***Je länger die Sitzung dauert,***
***desto intensiver. Du siehst sie***
***bechernd und zechend in der Kantine,***
***mit jeder Stunde weiter unter den Tisch rutschend.***
***Und wenn dann wieder Abstimmung ist …***
***am Ende die Beschlussfähigkeit fast am***
***Alkoholspiegel scheitert.***
***Deshalb auch jenes tiefe Bedürfnis***
***nach Fahrern in Bonn.***

über den Bundestag, 1983, in: "Pflasterstrand"

## ÄLTER WERDEN

**Ich bin schwerer geworden,
und die Haare sind grau.
Wenn ich Fernsehaufnahmen aus
zurückliegenden Zeiten sehe,
denke ich: Gott, warst du hübsch.
Damals hat mir das keiner gesagt –
jetzt sagt man es mir, das ist
wohl auch ein Kennzeichen
des Älterwerdens.**

über das Altern, 1992, in: "Spuren der Macht"

### *ANANAS IN ALASKA*

*Eine rot-grüne Bundesregierung bilden und dann
so weitermachen wie bisher, da würde
ich lieber Ananas züchten in Alaska.*

1996, in: "taz"

## ANARCHISCHES VOLK

**Im Grunde sind die Deutschen ein sehr
anarchisches Volk, das versucht hat, diese
anarchischen Antriebe in einem Übermaß
an Ordnung und Perfektion zu vergessen. Bei uns
Deutschen besteht immer noch die Befürchtung,
daß wir, nur um des Prinzips willen,
wie Michael Kohlhaas die Welt
in Schutt und Asche legen.**

über die Deutschen, 1992, in: "Spuren der Macht"

### ANARCHIST

... eine Rostlaube für 500 Mark, die auch prompt auf der
ersten Fahrt den Geist aufgab. Als ordentlicher Sponti
hatte ich einen ADAC-Schutzbrief abgeschlossen. Lachen
Sie nicht, so ist der deutsche Anarchist eben.

über sein erstes Auto, 2001, in: "Der Stern"

## ANGRIFF

Am Samstag wurde angegriffen,
wurde deswegen angegriffen,
weil es die Genossen nicht verwunden haben
hinzunehmen, dass hier ein Haus
zusammengeschlagen wurde,
dass Müller (der Polizeichef)
mit einem obszönen Grinsen im Gesicht
Terrormethoden, die gestapoartig waren,
noch als die große Taktik ausgegeben hat …
… Deswegen sind die Steine geflogen
gegen jene, die dieses System dort an dem
Trümmerhaus repräsentiert haben.

bei einer Diskussion über Recht und Unrecht
der Häuserbesetzungen in Frankfurt, 1974,
in: "Joschka Fischer. Der Marsch durch die Illusionen"

## ÄNGSTLICHKEIT

**Bange ist mir oft. Zur Vorsicht
gehört eine gewisse Ängstlichkeit.
Ein alter Keiler braucht neben
Entschlusskraft und Wagemut auch
Vorsicht und Misstrauen.
Wenn er besonders leckeres Futter auf
der Lichtung riecht, fragt er sich,
ob auf dem Hochstand ein Jäger sitzt.
Und muss die Kraft haben, sich mit
weniger leckeren Dingen im Gebüsch
zu bescheiden. Der andere, der auf die
Lichtung tritt – paff, weg ist er.
Was glauben Sie, wenn da plötzlich so
eine Aktenaffäre auffliegt,
wie bange es einem wird!
Und wenn man auch noch die
Verantwortung hat …**

über sich selbst, 1991, in: "Spuren der Macht"

## ARSCHLOCH ZUM ERSTEN

Mit Verlaub, Herr Präsident, Sie sind ein Arschloch!

zu Bundestagsvizepräsident Richard Stücklen, nachdem dieser den Grünen das Mikrofon abgestellt hatte, 1984, im Bundestag

## ARSCHLOCH ZUM ZWEITEN

**Ich fühle mich hier einfach unfrei. Ich darf zum Beispiel zu niemandem öffentlich Arschloch sagen.**

1985, in: "Playboy"

## *ARSCHLOCH ZUM DRITTEN*

*Wenn der Joschka Fischer im Bundestag zu Herrn Stücklen Arschloch sagt, dann, wumm, ist das ungefähr so, wie wenn einer in einer Kirche laut furzt, nur dass dort das Klangvolumen wesentlich voller ist, falls es sich um eine gotische Kathedrale handelt. Das ist doch grotesk.*

1985, in: "Playboy"

## ***ARSCHLOCH ZUM VIERTEN***

***Zum ersten Mal hat sie angerufen nach der Arschloch-Affäre. So etwas macht man nicht! Um Gottes willen, was denken die Leute! So war sie immer. Schon als ich klein war, ging Druck eigentlich nur von ihr aus.***

über die Reaktion seiner Mutter, 1985, in: "Playboy"

## ASOZIALE FIGUR

Den Begriff des Vermögens hat es bei mir nie gegeben. Was ich früher gearbeitet habe, lag meist unter der Steuergrenze. Ich hatte immer Schwierigkeiten, auf Fragebögen meine Existenz wiederzufinden. Da kam jedesmal so eine asoziale Figur raus, die irgendwo am Wasser mit 'ner Flasche Wermut dahinvegetiert. Aber das stimmte gar nicht.

1985, in: "Playboy"

## *ATTACKE*

*Ich mag die aggressiven Untertöne. Ich mag den Streit ...*
*Ich bin am besten, wenn es zur Attacke geht.*
*Es muss ätzen, dann fühle ich mich wohl.*

über den häufigen Gebrauch kriegerischer Vokabeln in seinen Reden, 1992, in: "Spuren der Macht"

## AUCH PERVERSES

***Das Parlament ist mehr oder weniger repräsentativ für das deutsche Volk, also finden sie im Parlament genau wie in der Bevölkerung alles: Großartigkeiten und Gemeinheiten, Intelligenz und Dummheit, Heiliges und Perverses, Ganoven und ganz durchschnittliche Leute mit Stärken und Schwächen.***

über den Bundestag, 1994, in: "Spuren der Macht"

## AUF DEN NÜSCHEL

Ich habe so auf den Nüschel bekommen das letzte Mal, das tut immer noch weh. Also halte ich dazu fortan das Maul. Ich habe es mir verbrannt, und damit is a Rua.

über seine Forderung nach der Trennung von Amt und Mandat auf dem Grünen-Parteitag, 2000, in: "Der Stern"

## AUS DEN SOCKEN HEBEN

**Natürlich gab es da auch diese Männlichkeitsrituale, Mutrituale, und es gab auch die Faszination der Gewalt, also das Erfolgserlebnis, einmal nicht wegzurennen, sondern einen mit Knüppel, Helm und Schild armierten Polizisten im Zweikampf aus den Socken zu heben.**

über Gewalt auf Demos, 1985, in: "Playboy"

## AUSSEHEN

**Seit Otto Schily weg ist, musste einer die Krawatte übernehmen. Nach dem Senioritätsprinzip war ich dran.**

über sein Outfit, 1994, in: "Tempo"

## AUSSITZEN

***Um eine Entscheidung durchzubringen, musst du bis zur vollständigen physischen und psychischen Erschöpfung von dir selbst und den anderen gehen und dann noch ein Quentchen Reserve haben, damit du die Entscheidung noch schaffst. Du musst den Konsens aussitzen.***

über die Diskussionskultur der ersten grünen Bundestagsfraktion, 1983, in: "Pflasterstrand"

## BASISBÜROKRATIE

Da führt die Öffentlichkeit aller Parteiversammlungen und das damit einhergehende strikte Rauchverbot dazu, dass die Profis und was sich dafür hält die politischen Entscheidungen rauchend, flüsternd vor der Tür ausmachen, während die Basis sich bei gesunder Luft und nunmehr zwei Stunden erbittert über Plakatekleben streitet.

über die Basisdemokratie, 1983, in: "Von grüner Kraft und Herrlichkeit"

## BASTRÖCKCHEN

Ich bin auch früher nicht im Baströckchen rumgelaufen und habe meine Blößen auch nicht mit Blättern abgedeckt.

über sein neues Outfit, 1998, in: "Bild"

## BÄRENFELL

**Da hieß es höhnisch, die wollen zurück in die Steinzeit; mit diesen Jungs und Mädels ist überhaupt nichts zu machen. Wenn die sich durchsetzen, dann haut man sich mit Mammutknochen gegenseitig die Schädel ein und ist mit Bärenfell bekleidet.**

über die Kritik der CDU am geforderten Atomausstieg Ende der 70er Jahre, 1984, in: "Der Spiegel"

## BELASTETE PILZE

***Ich muss sagen, ich habe vor meiner Zeit als Abgeordneter wesentlich gesünder gelebt ... Ich bin früher viel mehr in den Wald gegangen. Eine meiner schönsten Tätigkeiten war es, Pilze zu sammeln, vom Steinpilz bis zum Psilocybin-Pilz ... Das ist ein Pilz mit LSD-ähnlicher Wirkung, der aber nicht unter das Betäubungsmittelgesetz fällt. Der wächst auf Kuhweiden. Jetzt traue ich mich gar nicht mehr, den zu schmausen wegen der hohen Schadstoffbelastung.***

1985, in: "Playboy"

## BETONIERTES TULPENFELD

**Dieses ganze Milieu, diese festgefügte Institution und was sich daran so symbolisiert an dunkel verhangener älterer Männlichkeit – davor bin ich eigentlich schon mit 18 weggelaufen ... Und nun plötzlich sitze ich hier im Hochhaus, in einem betonierten Tulpenfeld aus Asphalt und Betonplatten, um Akten zu wälzen.**

über den Bundestag, 1983, in: "Der Spiegel"

## BETTVORLEGER

Zimmermann ist als Löwe gesprungen und als Bettvorleger gelandet.

über Bundesinnenminister Friedrich Zimmermann, 1984 im Bundestag

## BLEIFREI

CSU-Minister Friedrich Zimmermann, das ist der, der gesagt hat, wenn wir bleifreies Benzin einführen, müssen Sie Ihr Auto am Brenner stehen lassen.

beim politischen Aschermittwoch 2001 in Biberach

**BHAGWAN**

**Dann wäre es mit mir ganz finster geworden, und ich wäre vielleicht auch bei Bhagwan gelandet. Ich bin ja sechs Jahre lang ohne jede Orientierung gewesen, bin Taxi gefahren, hab ab und zu mal einen Artikel geschrieben.**

über sein Leben ohne den Einstieg in die Öko-Bewegung, 1985, in: "Playboy"

*BIERDECKEL*

*Am Ende dann, mit meinen 112 Kilogramm Lebendgewicht, war mein Aktionsradius schließlich auf die Größe eines Bierdeckels geschrumpft, und das war eine bittere Erkenntnis für mich, von der optischen Erscheinung ganz zu schweigen! Das Bild jenes balltretenden Fasses, das ich damals abgab, lässt mich noch heute zart erröten.*

über sich selbst, 1999, in: "Mein langer Lauf zu mir selbst"

**BLUTHUNDE**

**Denn in der Geschichte wird bis auf den heutigen Tag nicht dem Wohltäter und friedlichen Hausvater gedacht, sondern es werden immer noch vor allem die großen Eroberer und Bluthunde besungen.**

über die Geschichte, 1994, in: "Risiko Deutschland"

***BLUTIGER HOCHALTAR***

***Die Nation wurde plötzlich wieder zum blutigen Hochaltar für Menschenopfer, und wo in Europa im Namen der Nation gestorben wird, da geht dies niemals ohne jenen Nationalismus, der für die Opfer zuerst den Sinn und gleich danach auch die Gräber stiftet.***

über den Nationalismus auf dem Balkan, 1992, in: "Die Linke nach dem Sozialismus"

## BRATLINGE

Die ganze Atmosphäre in diesen Restaurants erinnerte mehr an ein Sanatorium oder ein Kurhaus gegen Magenleiden denn an eine Stätte kulinarischen Vergnügens. Verdrießlich dreinblickende und ungesund aussehende Gesundheitsapostel kauten dort voller Selbstverachtung auf ihren Bratlingen, und ich bekam dort meine sämtlichen Vorurteile über Vegetarier und die vegetarische Küche überreichlich bestätigt.

über vegetarische Restaurants, 1999,
in: "Mein langer Lauf zu mir selbst"

## BROCKEN FLIEGEN

**Noch ist nichts verloren. Sachsen-Anhalt ist eine sehr schwierige Stromschnelle. Viel Feind', viel Ehr', die Brocken fliegen, es kracht und raucht.**

über die bevorstehende Wahl in Sachsen-Anhalt,
1998, in: "Der Spiegel"

## *BRRRR*

*Vegetarier? Darauf hatte ich bis dato immer nur mit einem lauten Brrrr reagiert. Das mochte ja gesund sein, war aber gewiss nichts für ein Schleckermäulchen wie mich.*

über seine neuen Essgewohnheiten, 1999,
in: "Mein langer Lauf zu mir selbst"

## BRÜCHE

Mein Leben hat sich eigentlich immer in Brüchen vollzogen. Der erste Bruch kam 1966, als ich alles hinter mir ließ, was Familie, Berufsausbildung und bürgerliche Existenz bedeutete. Diese revolutionäre Phase endete 1977. Dann kam der alternative Taxifahrer. Das endete eigentlich nicht 1983, als ich in den Bundestag bin, sondern 1985 mit der

Übernahme des Ministeriums. Ich begreife erst jetzt, welche Bedeutung dieser biografische Umbau für mich hatte und welchen Preis ich dafür bezahlt habe. Das war die Zeit der Entstehung des grünen Elefanten. Sie endete mit dem Donnerschlag im August 1996. Jetzt bin ich dabei, mich neu zu ordnen.

über sein Leben bis zum Scheitern seiner zweiten Ehe, 1996, in: "Spuren der Macht"

## BÜROKRATISCHE HÖLLE

***Die meisten Menschen glauben ja, man muss, wenn man eine gute Idee hat und dafür eine Mehrheit gewinnt, nicht mehr viel tun. Aber dann rennt man gegen eine Wand, die dicker ist als die Chinesische Mauer, und dahinter befindet sich ein Dschungel, der gefährlicher ist als jeder reale Dschungel auf dieser Welt. Da wimmelt es von schrecklichen Schlangen, furchtbaren Sümpfen, Fleisch fressenden Pflanzen und weiß der Teufel, was noch. In dieser bürokratischen Hölle verschwindet dann Ihre schöne Idee.***

über das Regierungshandwerk, 1992, in: "Spuren der Macht"

## CHAOSTHEORIE

Ihre Politik ist nur noch chaostheoretisch zu begreifen!

Helmut Kohl, 1996 im Bundestag

## CHAOTEN

Vielleicht spielt bei mir eine Rolle, dass ich einmal ein so genannter Chaot war und deshalb heute als alternativer Abgeordneter nicht recht begreifen kann, was an mir jetzt noch chaotisch sein soll. Das einzige Chaos, das ich in Bonn feststellen kann, herrscht im Kanzleramt.

1985, in: "Playboy"

## CHARME DES FÜLLIGEN

Auch Fülligkeit hat
ihren Charme.
Und man sollte so sein,
wie man sich fühlt.

auf die Frage, ob seine Frau sich an seinen
95 Kilo stört, 1991, in: "Spuren der Macht"

## CRACK DES 20. JAHRHUNDERTS

**Aber wenn die Religion im 19. Jahrhundert
zu Recht als „Opium" denunziert wurde,
so gilt dies noch um vieles mehr
für die politischen Heilslehren,
die als das „Crack" des
20. Jahrhunderts ihre verheerende,
ja mörderische Wirkung
allfällig gezeigt haben.**

über die Geschichte, 1992, in: "Die Linke nach dem Sozialismus"

## DACKEL

**Ich will mich ja nicht beschweren,
aber ich muss hier,
wie man im Schwäbischen sagt,
schaffe' wie a Dackel.**

über seinen neuen Job als Außenminister, 1999, in: "Bild"

## DÄMLICHE FRAGEN

Alles ist möglich, selbst dämliche Fragen wie Ihre.

zu einem Reporter, der ihn vor dem Hanse-Marathon 1998 gefragt
hatte: "Ist es auch möglich, dass Sie aufgeben?"

## *DÄMMERUNG*

***Es sieht aus wie eine Kanzlerdämmerung!***

1997 im Bundestag

## ***DANN GUTE NACHT***

***Der Wirtschaftsminister geht seiner Energieabteilung zu Teilen verlustig, und nun will man uns die notwendigen Akten nicht herausgeben! Mich laust der Affe, aber ich, Joschka Fischer, feilsche mit einem leibhaftigen Minister in dessen Ministerium um alte Akten, und das im Zeitalter des Fotokopierers! Wenn sich die Macht, von innen besehen, weiter in lauter solchen Trivialitäten auflöst, dann gute Nacht.***

1985, in: "Regieren geht über Studieren"

## DAUERSTRESS

**Ich habe im Moment einen 14-Stunden-Arbeitstag, bin total übermüdet und stehe unter Dauerstress. Auf einer persönlichen Ebene könnte man die Entwicklung mit dem Satz „Näher, mein Herzinfarkt, zu Dir" beschreiben.**

über seine Arbeit als parlamentarischer Geschäftsführer der Grünen im Bundestag, 1983, in: "Pflasterstrand"

## DESTRUKTIONSTRIP

Wenn diese Wirtschaftsordnung so bleibt, wie sie ist, kommt die Welt von ihrem Destruktionstrip nicht runter.

über die Notwendigkeit Ökonomie und Ökologie zu versöhnen, 1994, in: "taz"

## *DICKE ANGESAGT*

*Ich halte konstant das gleiche Übergewicht. Aber in dieser Republik sind jetzt sowieso die Dicken angesagt. Auch die SPD hat sich für einen Dicken entschieden.*

über sein Gewicht, 1995, in: "Spuren der Macht"

## DIE ABFALLOPER

Ansonsten Müll, die ganze Abfalloper rauf und runter, mit dem Abgeordneten Weimar (CDU) als Heldentenor ... mindestens noch zehn weitere Mülldebatten bis zum nächsten Herbst. Einfach grässlich diese Vorstellung.

über die Debatten im Hessischen Landtag, 1986, in: "Regieren geht über Studieren"

## *DINOSAURIER*

***Ein Zockertyp, meinen Sie? Bin ich nicht. ... Wenn überhaupt, dann bin ich ein Sicherheitsspieler. Wäre ich ein Zockertyp, gäbe es mich nicht mehr. Ich bin ja der letzte Dinosaurier aus der ersten grünen Bundestagsfraktion, der in der Partei überlebt hat, ohne dass er von der Basis einen Kopf kürzer gemacht wurde.***

über sich selbst, 1991, in: "Spuren der Macht"

## DISZIPLINIERT DICK

**Disziplin hatte ich immer, wenn ich etwas wollte. Ich hatte auch Disziplin beim Dickwerden und beim Trinken und Essen.**

über sich selbst, 1997, in: "Spuren der Macht"

## DR. STRANGELOVES

**... der kalte Krieg war keineswegs eine Operettenveranstaltung von einigen Zehntausenden Dr. Strangeloves in den Militär- und Politikbürokratien zwischen Washington und Moskau.**

über den kalten Krieg, 1994, in: "Risiko Deutschland"

**<u>DIE ORDNUNG</u>**

***Im übrigen habe ich nie bestritten, dass ich fast zehn Jahre lang auch unter Einsatz von Gewalt die verfassungsmäßige Ordnung der Bundesrepublik umstürzen wollte.***

über seine linksradikale Vergangenheit, 1998, in: "Der Spiegel"

*<u>DIE STEUER</u>*

*Also darauf wird noch keine Vergnügungssteuer erhoben.*

über sein Amt als Außenminister, 2000,
in: "Joschka Fischer. Eine Karriere"

## DROGEN

**Ich habe auch Drogenerfahrung, bin also im Innenausschuss beim Thema Rauschgiftbekämpfung wahrscheinlich der einzige, der weiß, wovon er redet.**

1985, in: "Playboy"

## DUZEN

... ich weiß nicht, warum, die duzen mich einfach. Auch der Apel war im Fernsehen ganz schnell beim Joschka. Da hab ich kurz überlegt, ob ich nicht Hänschen zu ihm sagen sollte.

1985, in: "Playboy"

## EHE

**Ich habe manchmal den Eindruck, die Ehe ist wie ein träge dahinfließender Fluss. Mal gibt es mehr, mal weniger Wasser. Es gibt viele Sedimente, die lagern sich ab, und irgendwann droht das Gewässer umzukippen. Dann bricht meistens einer von beiden aus und sucht sich einen anderen. Plötzlich gibt es ein Hochwasser der Gefühle: Zorn, Hass, Eifersucht, reißende Fluten. Der ganze Müll, das Sedimentierte, der Schlamm, das Geröll, alles wird weggerissen. Entweder ist es dann vorbei, oder es war eine produktive Krise und ein neuer Alltag beginnt. Aber es ist ausgestanden. Ich kann schon wieder darüber lachen.**

über seine bewältigte Ehekrise, 1995, in: "Spuren der Macht"

## EIFERSUCHT

**Ich war einmal knapp davor, einen Menschen aus Eifersucht umzubringen. Das war herb. Das würde ich mir rückblickend am meisten vorwerfen.**

über die Versuchung des Bösen, 1985, in: "Playboy"

## EINE DRÖHNEN

Ich war wild entschlossen; wenn einer eine von unseren Frauen anrührt, dann hätte ich dem eine gedröhnt, dass er langgelegen hätte.

über die Verteidigung weiblicher Grünen-Abgeordneter gegen Nachstellungen von CDU-Abgeordneten, 1983, in: "Transatlantik"

## *EINGESCHLAFENE FÜSSE*

*Ich nenne das „die radikale Theorie der eingeschlafenen Füße", die seit dreißig Jahren nur Niederlagen produziert hat.*

über vage Utopien und linke Kritik am Kapitalismus ohne konkrete Reformvorschläge, 1996, in: "taz"

## EINSTIEGSDROGE

Weihrauch war meine Einstiegsdroge, Haschisch und Marihuana kamen später.

über die Religion, in: "Joschka Fischer. Der Marsch durch die Illusionen"

## EISKALT

**Mein Gott, wir waren alle am Schwimmen in der eiskalten Grönlandsee, verfolgt von hungrigen Eisbären. Alle, die wir in der Regierung waren, auch die Sozialdemokraten, hatten zu strampeln und mussten gucken, den Kopf über Wasser zu halten.**

über die ersten Monate Regierungstätigkeit, 1999, in: "Der Stern"

ELCHTEST

Wir haben ein Drittel unserer Wählerstimmen verloren.
Das ist schlimmer,
als beim Elchtest umzufallen.

über Verluste der Grünen bei den Kommunalwahlen
in Schleswig-Holstein, 1998, in: "Bild am Sonntag"

**ELEFANTENBULLE**

**Eine bewegende letzte Begegnung
mit dem Dicken. Er erinnert
an einen alten Elefantenbullen,
der seinen letzten Kampf ficht,
verletzt und aus vielen
Wunden blutend, gefährlich aber bis
zur letzten Sekunde.
Er sieht verflucht schlecht aus,
sein Gesicht ist voller Bewegung,
erschüttert. Wir drücken uns
lange schweigend die Hand,
setzen uns. Auf die Frage,
was ich trinken wolle, sage ich:
Nur nichts Trauriges!**

über die Entlassung als Umweltminister durch
Holger Börner (SPD),1987, in: "Regieren geht über Studieren"

EXTREMISMUS

Ich beneide Menschen,
die zu Grautönen in der Lage sind
und so etwas wie
Harmonie in ihrem Leben hinbekommen.
Ich schaffe das nicht.
Ohne Extremismus turned es halt nicht.
Ich werde ihn wohl
nie ablegen können,
er ist jetzt nur körperkonformer.

über sich selbst, 1997, in: "Spuren der Macht"

## ENTENHAUSEN

**Zählt Entenhausen zur Leitkultur, oder ist das schon Ausdruck amerikanischer Überfremdung? Und was ist mit Hägar dem Schrecklichen? Alles nicht genehm?**

über die Forderung von Friedrich Merz (CDU) nach einer deutschen Leitkultur, 2000 im Bundestag

## ERFOLGREICHER HAMSTER

Auch ich war ein Gefangener meiner selbst und der Politik. Wie ein Hamster im Tretrad. Allerdings ein sehr erfolgreicher Hamster ... Es hat den vollsten Einsatz erfordert, und dafür musste ich einen Preis bezahlen.

über seine gescheiterte Ehe, 1997, in: "Spuren der Macht"

## EWIGER KONFIRMAND

**Steger ist eigentlich kein Minister. Er spielt ihn. Ehemaliger Fallschirmjäger, gelehrter Doktor der Volkswirtschaft und ewiger Konfirmand, der er ist, verfügt er über die Sensibilität eines Nashorns bei der Attacke, zigarilloqualmenderweise.**

über den Hessischen Wirtschaftsminister Ulrich Steger (SPD), 1985, in: "Regieren geht über Studieren"

## *EXZESSIV*

***Ich bin ein Mensch, der alles, was er macht, exzessiv macht. Also mache ich exzessiv Politik.***

über sich selbst, 1991, in: "Spuren der Macht"

## FAHNEN

Aber die Länge und die
Mächtigkeit der Fahnen
vor dem Bundeshaus entspricht
in direkter Proportion der Intensität
der Fahnen, die die Abgeordneten
der anderen Parteien im Plenarsaal
vor sich her blasen.

über den Bundestag, 1983, in: "Pflasterstrand"

## FATAL

**... keinen sehr guten Rotwein
mehr zu trinken,
das hat schon was Fatales.**

über seine Entscheidung, keinen Alkohol mehr zu trinken, 1997,
in: "Spuren der Macht"

## *FERKEL*

***Ich bin in der Rolle des Ferkels,
das man drischt.***

über sich selbst, 1994, in: "Tempo"

## FERSENGELD GEBEN

**Jetzt stelle ich bei uns
viel Kleinmut fest.
Da guckt man hinter sich und fragt:
Wo sind sie denn?
Da geben manche Fersengeld,
andere werfen sich in die Furche.
Wieder andere kämpfen
allerdings sehr gut.
Wer um Kap Hoorn herum will,
der muss schwere See aushalten.**

über mangelnden Einsatz vor der Wahl
in Sachsen-Anhalt, 1998, in: "Der Spiegel"

## FESTGEFROREN

**Kanzler werden heißt, den Mount Everest ganz alleine und ohne Sauerstoffmaske zu erklimmen. Bis auf 7000 Meter kommen viele Talente. Das sind die Ministerpräsidenten, aber auf den letzten Metern bleiben viele festgefroren in der Wand hängen.**

über den Weg zur Kanzlerschaft, 1995, in: "Spuren der Macht"

## *FLEISCH GEWORDENE VERGANGENHEIT*

***Sie sind Geschichte, im guten und im schlechten Sinne, das haben Sie immer gewollt. Aber in Zukunft werden Sie nicht mehr sein – drei Zentner fleisch gewordene Vergangenheit.***

über Bundeskanzler Kohl, 1995, im Bundestag

## FETISCH AUTO

**Am Auto hängt jedoch das Selbstwertgefühl von Millionen, hängen Ego, Freiheit, Macht, Prestige, Selbstdarstellung, Abenteuer, Sex und was es an überlebensnotwendigen Dingen und Fetischen sonst noch alles geben mag. Der Abschied wird daher schwierig und schmerzhaft und quälend werden, aber er ist nichtsdestotrotz unausweichlich.**

über den Abschied von der automobilen Gesellschaft, 1989, in: "Der Umbau der Industriegesellschaft"

## *FETTE JAHRE*

*Ich habe mich auch ganz persönlich von der Ära Kohl verabschiedet. Die fetten Jahre sind vorbei. Bei unserem nächsten Gespräch habe ich nur noch 65 Kilo.*

über das Abnehmen, 1997, in: "Spuren der Macht"

## FRACK UND BOMBERJACKE

**Ich sehe bei Haider eine Doppelstrategie.
Die Abteilung „Frack und Zylinder"
ist in der Regierung, und die Abteilung
„Bomberjacke und rhetorischer Baseballschläger"
bleibt in Kärnten.
So strebt er das Kanzleramt an.**

über den österreichischen FPÖ-Politiker Jörg Haider, 2000, in: "Der Spiegel"

## *FREAKS UND SEKTEN*

*Für mich stellen sich die
letzten drei Wochen wie ein permanenter
Vereinigungsparteitag der verschiedenen K-Sekten,
Sponti-Freaks, Öko-Freaks und Feministinnen dar:
Ich lege besonderen Wert auf den
Begriff der Permanenz.
Man tagt da in Permanenz plenar.*

über die Anfänge der ersten grünen Bundestagsfraktion, 1983, in: "Pflasterstrand"

## *GENICKSCHUSSMENTALITÄT*

***Die wurden aus Gründen des Antifaschismus zur
Kopie der Faschisten, am schlimmsten
symbolisiert in dem Brief, der nach der Ermordung
Schleyers veröffentlicht wurde:
Da zeigte sich dieselbe Genickschussmentalität,
die sie bei den Nazis der
Elterngeneration kritisierte.***

über die RAF, 1999, in: "Der Spiegel"

## GEQUATSCHE

Und ihr linksradikales Gequatsche geht
mir so auf den Senkel. Jetzt lassen Sie
sich von mir, der bis vor ein paar Tagen
noch Minister war, mal was sagen ...

1994, im "taz-Interview"

## GEWALTFREI

**Der Himmel allein weiß, weshalb sich ausgerechnet in dieser gewaltfreien Partei der Hang zum politischen Selbstmord so ausgeprägt entwickelt hat und erhält.**

über die Grünen, 1985, in: "Regieren geht über Studieren"

*GEWALTFREI ERWÜRGEN*

*Im Umweltausschuss des Hessischen Landtags schläft die Opposition, während der einzige grüne Abgeordnete heftig die Regierung attackiert. Ich denke mich laust der Affe! ... Ich hätte ihn am liebsten eigenhändig erwürgt, meinen Abgeordneten, ganz gewaltfrei natürlich!*

über den grünen Fundi Jan Kuhnert, 1986, in: "Regieren geht über Studieren"

## GRABSTEIN

**Aber wenn es mich morgen erwischen würde, müsste auf meinem Grabstein nur eins stehen: A Freud' war's.**

über sein Leben, 1997, in: "Spuren der Macht"

GRÖßE XL

Zuvor hatte ich mich in einem Sportgeschäft mit allem Notwendigen für mein neues Leben als Jogger ausgestattet: Baumwollklamotten in Größe XL und Laufschuhe. ... ich musste mit berichterstattenden Frühaufstehern rechnen, und so zog ich mir die Kapuze tief über die Stirn, als ich mich dann frühmorgens auf den Weg machte. Mein Gewicht war trotz aller Anfangserfolge noch erheblich, sodass durchaus die Gefahr bestand, dass die Bonner Erdbebenwarte mit ihren feinen Messgeräten reagieren würde, wenn ich losstapfte ...

über den Tag vor seinem ersten Dauerlauf, in: "Mein langer Lauf zu mir selbst"

GROSSES FRESSEN

Mir ist bei allen Veränderungen im Laufe der Jahrzehnte eine Art Extremismus im Lebensstil bis heute geblieben ... Entsprechend „dynamisch" fraß ich mir demnach auch die Pfunde auf meine Rippen.

über sich selbst, 1999, in: "Mein langer Lauf zu mir selbst"

**GRUNDGESTEINIGT**

**Der Minister wird erwachsen: erste Grundsteinlegung in meinem Leben! Grundgesteinigt wird ein neues Heizkraftwerk ...**

1986, in: "Regieren geht über Studieren"

*GRÜNE HÖLLE*

*Eine veritable grüne Hölle dies, gefährlich wie die Urwälder Amazoniens, bevölkert von Schlangen, wilden Tieren und Schlingpflanzen, und dreimal Wehe jedem Unerfahrenen oder Naiven, der von den oftmals nur schwer erkennbaren Pfaden abirrt oder den Anschluss an seine Expedition verliert – er ist verloren und wird zum Fraße freigegeben.*

über grüne Basisdemokratie, 1983, in: "Von grüner Kraft und Herrlichkeit"

**HALBIEREN**

**Eher werden Sie sich halbieren als die Arbeitslosigkeit.**

über Helmut Kohls Versprechen, die Arbeitslosigkeit bis 2000 zu halbieren, 1997 im Bundestag

HAMSTERSTALL

Ab 1. Januar habe ich in Bonn ein Appartement, so einen Hamsterstall zum Schlafen.

1994, in: "Spuren der Macht"

## HANDAKTE

**Regierungspräsident und Ministerium befinden sich dagegen noch in der guten alten Zeit der Handakte! Und dies in einem industriellen Kernland wie Hessen, in einem der wichtigsten Chemiestandorte der Republik! Die Umweltverwaltung macht noch im wahrsten Sinne des Wortes mit dem Fahrrad Jagd auf Umweltsünder.**

1986, in: "Regieren geht über Studieren"

## HART IM NEHMEN

Mit 50 fällt einem nur noch wenig schwer, da ist man hart geworden im Nehmen, besonders, wenn man eine Messdienerausbildung hat und so manches Hochamt über sich hat ergehen lassen müssen.

über gutes Benehmen als Außenminister, 1998, in: "Spuren der Macht"

## HASTE GELD

**Das Hauptproblem ist heute nicht die Gefahr eines Polizeistaates, sondern der Rückzug des Staates aus der Sicherheit, nach dem Motto: Haste Geld, kaufst du dir Sicherheit.**

1997, in: "taz"

## HERAUSFORDERUNG

**Ich bin vor der praktischen Herausforderung der Macht nicht ins Wirtshaus „Zum ewigen Radikalismus“ geflüchtet.**

über die Kritik Thomas Ebermanns, er habe die Ideale der Mächtigen übernommen, 1994, in: "taz"

## HAUSAUFGABEN

Verehrter, geschätzter Kollege Altmaier,
ich weiß jetzt,
was mich in jungen Jahren
daran gehindert hat,
der Jungen Union beizutreten,
nämlich ein grundsätzlich anderes
Verhältnis zu Hausaufgaben.
Sie haben ja eine
fast schon erotische Bindung
an diese Qual einer jeden Schulzeit.
Ich weiß nicht, warum Sie
sich hier mit solcher Leidenschaft
für Hausaufgaben aussprechen.

zu dem Abgeordneten Peter Altmaier
(CDU), 2000 im Bundestag

## HEART BREAK HILL

**Die kleine Steigung am
„Langen Eugen" erwies sich damals
als mein „Heart Break Hill",
und hier war es dann auch schon vorbei
mit meiner läuferischen Herrlichkeit.
Und so hörte ich auf zu joggen und
schritt gemessenen Schritts hinauf.
Oh, Fischer, sagte ich mir,
es ist einfach nur furchtbar!**

über den ersten Dauerlauf, 1999,
in: "Mein langer Lauf zu mir selbst"

## HEITER BLEIBEN

**Holger bleib heiter,
der Klassenkampf
geht weiter!**

Sponti-Spruch auf Frankfurter Flughafen-Demos
über Ministerpräsident Holger Börner (SPD),
in: "Joschka Fischer. Eine Karriere"

## HERUMBALLERN

**Das Pulver muss man trocken halten und erst verschießen, wenn es gebraucht wird. Man darf nicht vorschnell in der Gegend herumballern.**

über seine politische Strategie, 1993, in: "Spuren der Macht"

## HERUMMODERN

Es gibt doch eine ganze Latte politischer Halbleichen bis Leichen, die hier auf Kabinettsposten herummodern.

über das Bundeskabinett, 1985 im Bundestag

## HILFLOS

**Wenn Sie mich hilflos machen wollen, müssen Sie mich loben. Wenn Sie mich angreifen und beschimpfen, komme ich in Fahrt.**

über sich selbst, 1991, in: "Spuren der Macht"

## HIMMEL AUF DEN KOPF

Es war am Swimmingpool unseres Ferienhauses. In dem Moment, wo mir klar war, es ist vorbei, jetzt bist du allein, da fiel mir der Himmel auf den Kopf, und gleichzeitig gab es ein riesiges Erdbeben. Ich wusste, entweder nutzt du jetzt die Chance, dein Leben völlig neu zu sortieren, oder du kommst unter die Räder und säufst dich tot. Im gleichen Moment wusste ich: Du lässt dein bisheriges Leben - das Essen, das Trinken und den dicken Bauch, die Panzerung, die Kneipen - hinter dir. Die Entscheidung fiel innerhalb einer Sekunde.

über das Ende seiner Ehe, 1996, in: "Spuren der Macht"

## HINGELANGT

Ja, ich war militant.
Den bewaffneten Kampf habe
ich aber immer abgelehnt und heftig
politisch bekämpft. Wir haben Häuser besetzt,
und wenn die geräumt werden sollten,
haben wir uns gewehrt. Wir haben Steine geworfen.
Wir wurden verdroschen,
aber wir haben auch kräftig hingelangt.

über seine Rolle als Revolutionär
in den 70er Jahren, 2001, in: "Der Stern"

## *HOCHSCHMINKEN*

*Sie werden es nicht schaffen, einen alten Ganoven*
*zu einem jugendlichen Helden hochzuschminken.*

über Guido Westerwelles Einschätzung, die FDP
sei eine jugendliche Partei, 1996, in: "Die Zeit"

## HUNGER

**Wir Linksradikale sind
die Wahnsinnigen, die Utopisten –
uns treibt der Hunger nach Freiheit,
Liebe, Zärtlichkeit, nach anderen
Arbeits- und Verkehrsformen.**

in einer Rede auf dem vom Sozialistischen Büro organisierten
Pfingstkongress, 1976, in: "Joschka Fischer. Eine Karriere"

## ICH UND DIE FUNDIS

Die wollten den parlamentarischen Weg der Revolution
beschreiten, was ich für absoluten Quatsch hielt. Warum
die Revolution auf der Straße nicht funktioniert,
im Parlament aber funktionieren soll, das hat mir keiner
klar machen können – und so begann dann die
Auseinandersetzung zwischen Fundis und Realos.
Die begann hier in Frankfurt mit meinem Eintritt.

über die Grünen in der Anfangsphase 1981,
in: "Joschka Fischer. Der Marsch durch die Illusionen"

**HERZ**

**Operation am offenen Herzen der Partei.**

über den Streit der Grünen über die Nato-Mission
in Bosnien, 1995, in: "Die Zeit"

## *INSCHALLAH*

*Ich bin kein Ordnungsfanatiker, auch wenn mich Chaos aufregt. ... Meinem Sohn habe ich gesagt du kriegst Probleme mit mir als Abfallminister, wenn du in deinem Zimmer so weitermachst. Der Zustand dort könnte den Tatbestand der illegalen Abfalllagerung erfüllen. Das ist eine Müllhalde. Aber er will es so. Inschallah, dann ist es halt so.*

über seinen Sohn, 1993, in: "Spuren der Macht"

## INS MUSEUM

Kohl soll doch bitte schön seine Schlacht im antikommunistischen Museum schlagen, da richten wir ihm einen Wahlkampfraum mit Sound-Kulisse ein.

über Helmut Kohls Einmischung in den Berliner Wahlkampf, 2001, in: "Die Woche"

## ***JAMMERVOLL***

***Und eine Linke, die die Machtfrage ängstlich umgeht, Opposition bleiben will um fast jeden Preis, die ist nur noch jammervoll. Die kotzt mich an.***

über die Oppositionssüchtigkeit der Linken, 1994, in: "taz"

## KAIN UND ABEL

Wenn ich diese innige Männerfreundschaft zwischen Theo Waigel und Edmund Stoiber, dieses nun wirklich christliche, brüderliche Bündnis manchmal mitbekomme, könnte man ja fast meinen, dass Kain und Abel wirklich ein solidarisches Verhältnis zueinander gehabt hätten.

beim politischen Aschermittwoch 1998 in Passau

## KASSIEREN

Wenn er der Koch ist und wir der Kellner, dann servieren hoffentlich wir die Rechnung und kassieren.

über die Rolle der Grünen in einer von Gerhard Schröder geführten Bundesregierung, 1997, in: "Spuren der Macht"

## ***KAMPFSONG***

***Von „Einigkeit und Recht und Freiheit“ sang er so, dass sich mir das Fell sträubte, und zwar direkt ins rechte Ohr. Nach solch einem Kampfsong mussten wir – ja wir! – einfach gewinnen, und so geschah es. Deutschland!!!***

über Frankfurts Oberbürgermeister Walter Wallmann (CDU) beim Fußball-Länderspiel Deutschland gegen Brasilien

## KATASTROPHE

In der Beurteilung der Frage, wieweit jemand politisch eine Katastrophe ist, sind Sie ohne jeden Zweifel besonders berufen und befugt, Herr Kollege Hintze.

zu Peter Hintze (CDU), 1999 im Bundestag

## *KAUFMANNSGESELLSCHAFT*

*Die Deutschen hatten erst dann keine Probleme mehr mit sich und ihren Nachbarn, als sie nach dem Zweiten Weltkrieg definitiv zwangsabgerüstet wurden, und sich die Überlebenden von Preußens Gloria und Hitlers Götterdämmerung gründlich zivilisierten. Der deutsche Militarismus war ein Schrecken für die Welt, die westdeutsche Kaufmannsgesellschaft ein Gewinn, und zudem schuf sie die erste erfolgreiche Demokratie auf deutschem Boden.*

über deutsche Geschichte, 1992, in: "Die Linke nach dem Sozialismus"

## **KEINE TRAUER**

**Bei den drei hohen Herren mag mir keine rechte Trauer aufkommen.**

über die Morde der RAF an Schleyer, Ponto und Buback, 1978, in: "Joschka Fischer. Eine Karriere"

## KNOCHEN

**Manchmal fühle ich mich sehr müde und lasse trotzdem nicht los. ... wie ein Hund, der den Knochen trotzdem nicht loslässt. Ein echter Pitbull ist nur dem Knochen verpflichtet.**

über sich und die Grünen, 1999, in: "Bild"

## KETZER

Der Mann schwitzt aus jeder Pore die ketzerische Zeltmission protestantischer Sekten, bibelkundiges Aufbegehren gegen das Lehramt des Bischofs von Rom. Näher-mein-Gott-zu-Dir-Getue mit Versöhnung vorne und Versöhnung hinten.

über Johannes Rau (SPD), 1986, in: "Regieren geht über Studieren"

## *KLAMMERÄFFCHEN*

***Die ganze Krise hat letztlich mein Verhältnis Frauen grundlegend geändert. Durch sie ist die Nabelschnur zu meiner Mutter endgültig durchgeschnitten worden. Ich bin von meiner Mutter zu meiner ersten Frau, von meiner ersten zu meiner zweiten, von meiner zweiten zu meiner dritten. Ich habe mich als ausgewachsener Mann immer noch wie ein Klammeräffchen verhalten, obwohl ich längst nicht mehr klein und niedlich war.***

über sein Verhältnis zu Frauen nach dem Scheitern seiner Ehe, 1997, in: "Spuren der Macht"

## KLEMM-CHAUVIS

Mir gehen die Klemm-Chauvis auf den Sack, die da plötzlich in serviler Ergebenheit, jeden aufrechten Gang und sonst manches Aufrechte beiseite lassend, auf breiter Schleimspur der Frauenemanzipation hinterherkriechen.

über Kollegen bei den Grünen, 1984, in: "Joschka Fischer. Eine Karriere"

## *KNECHTSGESTALT*

*Wahrhaftig eine Figur für Wilhelm Busch, wenn er mit staksigen Schritten, schräg gelegtem Kopf und professioneller Leichenbittermiene Richtung Rednertribüne schreitet, ganz Knechtsgestalt der allein selig machenden Mutter Kirche.*

über Bernhard Vogel (CDU), 1986, in: "Regieren geht über Studieren"

## KRIEGSHETZER

**Geliebte Gegner: Wisst ihr,**
**ein halbes Jahr sind wie jetzt hier**
**in der Bundesregierung.**
**Ein halbes Jahr – ja, jetzt kommt ihr,**
**ich hab darauf gewartet: Kriegshetzer.**
**Hier spricht ein Kriegshetzer,**
**und Herrn Milsosevic schlagt**
**ihr demnächst für den**
**Friedensnobelpreis vor.**

beim Kosovo-Sonderparteitag der Grünen
in Bielefeld, 1999

## KRIECHGANG

Unterworfen hat sich einer.
Und das ist Helmut Kohl, indem er meinte,
er könne die Position der Bundesrepublik stärken,
indem er alles macht, was die Amerikaner sagen.
Der hat nicht mehr den aufrechten Gang,
sondern den Kriechgang.

über die Raketenstationierung
in Deutschland, 1984, in: "Der Spiegel"

## *LEICHENBESTATTER*

*Die verbreiten im Land eine Stimmung*
*wie im Wildwest-Film der Leichenbestatter*
*von Tombstone, Arizona. Die Deutschland AG,*
*dieser Pakt von Großbanken, Großindustrie und*
*großer Politik, ist am Ende.*

über die Politik der Kohl-Regierung, 1997,
in: "Der Spiegel"

## ***LEITHAMMEL***

***Ihr braucht keine Debatte über Leitkultur,***
***sondern eine über den richtigen Leithammel.***

zur CDU/CSU-Fraktion, 2000 im Bundestag

**LIEBESDRAMA**

***Nur wenn er muss, wird Gerhard Schröder die Koalition wechseln. Wir befinden uns ja nicht in einem Liebesdrama, wo man gemeinsam in den Schlund des Vulkans springt.***

über die Krise bei den Grünen und die Koalition, 1999, in: "Der Spiegel"

## LIEBE UND PSYCHOTERROR

**Sagen wir es doch ganz offen, es ist ein bisschen so wie eine große Liebe, die geht irgendwann mal in den nackten Psychoterror über, aber du kommst Jahr für Jahr nicht von ihr los, weil du merkst, wie sehr das die Leidenschaft hochrührt.**

über den Antrieb in der Politik, 1983,
in: "Joschka Fischer. Eine Karriere"

## LÜGENBARON

Wenn es dann noch eines historischen Helden als Vorbild dieser märchenhaften westdeutschen Umweltpolitik bedarf … so könnte dieser durchaus von Adel sein, ein echter Baron und Kriegsmann zudem, nämlich der Lügenbaron von Münchhausen. Als Umweltminister oder Vorstandssprecher eines Energie- oder Chemiekonzerns wären Durchlaucht mit seiner blühenden Phantasie und seiner entsorgenden Wortgewalt nachgerade eine Idealbesetzung in heutiger Zeit.

über die Umweltpolitik der Altparteien, 1989,
in: "Der Umbau der Industriegesellschaft"

## MACHISMUS

**Die Frauen haben gesagt: Das ist nicht mehr legitimer Widerstand, das ist Machismus, Gewaltkult. Ihr steht nicht für ein Mehr an Freiheit, ihr werdet zu Unterdrückern. Neben den historischen Ereignissen hat mich dieser Konflikt nachhaltig beeindruckt.**

über seinen Weg zur Gewaltabkehr, 2001, in: "Der Spiegel"

## MACHT

Ein Politiker, der kein Verhältnis
zur Macht hat, ist wie
ein Unternehmer,
der kein Verhältnis zum Gewinn hat.
über die Macht, 1994, in: "Tempo"

## *MACHTFRAGE*

*Aber nur Opposition ohne Mehrheits- und Machtperspektive heißt schlichte Kapitulation vor der Wirklichkeit. Ach je, ich hasse dieses Gejammere, diese Angst: „Die Machtfrage ist zu brenzlig. Sie könnte uns schmutzig machen, und überhaupt ist das alles zu anstrengend und zu kompliziert." Das macht mich rasend. Und diese Oppositionssehnsüchtigkeit steckt auch zum Teil in der Sozialdemokratie – auch das macht mich rasend. Reformpolitik, verdammt noch mal, ist kein Teufelszeug!*

1994, in: "taz"

## ***MÄCHTLE***

***BILD vermeldet mit donnernder Schlagzeile: „Koalition! Grüne mit Joschka an die Macht." Wolle mers hoffe, wie der Hesse zu sagen pflegt, dass sie wenigstens diesmal nicht übertreiben. Wenn überhaupt, so zeichnet sich eher so etwas wie ein ‚Mächtle' ab, wie der Schwabe zu sagen pflegt. Der Herr verschone mich aber vor dem Ohnmächtle!***

über die erste rot-grüne Koalition in Hessen, 1985,
in: "Regieren geht über Studieren"

## MAFIÖS

Das ist so, als würde der Chef von Greenpeace als Mitglied eines mafiösen Kartells zur illegalen Giftmüllentsorgung erwischt werden.

über Manfred Kanthers Rolle in der Affäre um die schwarzen Konten der CDU, 2000, in: "Der Stern"

## MADELEINE

***Ich habe der amerikanischen Außenministerin Albright immer gesagt: Madeleine, ich lege auf Prestige keinen Wert. Ich werde der erste und der lauteste sein, der „Hurra" ruft und „in dulci jubilo" singt, wenn ihr das hinkriegt.***

über den Kosovo-Krieg, 2001,
in: "Der Spiegel"

## MARATHON

**Würde ich die Strecke durchstehen, und wenn ja, wie? Immer wieder ging mir das Bild von dem früheren amerikanischen Präsidenten Jimmy Carter durch den Kopf wie er nach einem Langlauf, von zwei Leibwächtern gestützt, völlig fertig über die Ziellinie geschleppt wurde. ... „Au weia", dachte ich mir, „wenn das bloß gut geht."**

über seinen ersten Marathon, 1998 in Hamburg,
in: "Mein langer Lauf zu mir selbst"

## MEIN GOTT, GOTTFRIED!

Und dann spricht der Fraktionsvorsitzende der CDU, Gottfried (der) Milde, ein verhinderter Prediger des Herrn. Salbungsvoll salbadernd und mit wachsender Strenge nähert er sich Mensch und Werk von Joseph oder wechselweise Joschka Fischer. ... Mein Gott, Gottfried!

über die Kritik der CDU, er sei ein Staatsfeind, 1985,
in: "Regieren geht über Studieren"

MICKYMAUS

Oppositionsführer Mickymaus

über den CDU-Fraktionschef Friedrich Merz,
2000 im Bundestag

**MIEF**

**... man hat als aufbegehrende Minderheit erfahren, welches Aggressionspotenzial in der schweigenden Mehrheit dieses Landes steckt. Bei friedlichsten Demonstrationen wurde gleich von Vergasen gesprochen, in Stücke hacken. Daraus hat sich dann so ein Mut zum Bekenntnis entwickelt gegen diesen ganzen Mief, gegen die Stickigkeit und die Lüge, die überall hervorsah.**

über die 60er und 70er Jahre in Deutschland, 1985, in: "Playboy"

*MILITANT*

*Ich war militant, ich habe mit Steinen geworfen, ich war in Prügeleien mit Polizeibeamten verwickelt. Ich wurde geprügelt, aber ich habe auch Polizeibeamte geschlagen.*

über seine linksradikale Vergangenheit,
2001 im Bundestag

MINISTER FILZEN

... trotzdem werden wir schulmäßig gefilzt. Minister hin, Minister her, aussehen tut er wie ein Krawallbruder bei den Übungen in der Polizeikaserne. Ein Kamerateam des Südwestfunks filmt das Einmalige: gefilzter Minister statt wie üblich Ministerfilz!

über seine Teilnahme an einer Demo in Wackersdorf, 1985,
in: "Regieren geht über Studieren"

## MINISTERBÜRO I

Bisher war ich der Meinung, dass die Ästhetik des Hässlichen bei bürokratischen Zweckbauten mit dem Bonner Abgeordnetenhochhaus Im Tulpenfeld seinen grausligen Höhepunkt erreicht hatte, aber mitnichten. Angesichts meiner neuen Diensträume – oben Kunststoff, unten Kunststoff, dazwischen etwas Glas und viel Beton – bekomme ich warme Sehnsucht nach meiner Bonner Wegrückerbox mit ihren 3,5 Quadratmetern.

über das Hessische Umweltministerium, 1985,
in: "Regieren geht über Studieren"

## *MINISTERBÜRO II*

*Es ist einfach nur deprimierend. Leere Räume mit einem hässlichen Plastikfußboden, Möbeln aus den Kellern anderer Ministerien, alles leer und kahl, mit Ausnahme grüner Monumentalgewächse, die man in die Ecken drapiert hat. Schließlich kommt ja ein Grüner als Minister daher!*

über das Hessische Umweltministerium, 1985,
in: "Regieren geht über Studieren"

## MINISTERBÜRO III

Die erste Amtshandlung. Erlasse werden unterzeichnet ... Gerade zücke ich die Feder, da klingelt das Telefon, ein Exemplar aus dem vergangenen Jahrzehnt, laut und schrill dazwischen. Es ist die Zentrale, sie möchte einen nachgeordneten Beamten sprechen. Plötzlich sitze ich allein im Zimmer, alles ist so leer und still. Vergeblich versuche ich später, einige Telefongespräche zu tätigen, entweder komme ich erst gar nicht durch, oder die Gespräche sind nach spätestens zehn Sätzen zusammengebrochen.
Das darf doch alles nicht wahr sein, nur nicht aufregen.
Ich gehe von Zimmer zu Zimmer, alle leer.
Ich rufe, aber keine Antwort.
Resigniert setze ich mich wieder in mein absurdes Ministerbüro und sinniere über die Innenausstattung der Macht, sie entpuppt sich zumindest hier und heute als guter Witz.

über seinen ersten Tag als Umweltminister,
1985, in: "Regieren geht über Studieren"

## MINISTERBÜRO IV

Erst der gestrige Schreikrampf nach
dem einhundertsten zusammengebrochenen
Telefongespräch hat mir heute einen
zeitgemäßen Telefonapparat verschafft.
Es handelt sich dabei jedoch um
ein einsames Ministerprivileg, denn vom
Staatssekretär abwärts entsprechen
die Kommunikationsmöglichkeiten
neapolitanischem Standard, ...
Hoffentlich taucht jetzt kein ernstes
Umweltproblem oder gar eine Krise auf!

nach sechs Tagen im Umweltministerium, 1985,
in: "Regieren geht über Studieren"

## MINISTERBÜRO V

*... es mangelt immer noch an den einfachsten
technischen Funktionen, etwa genügend qualifizierte
Schreibkräfte, Schreibautomaten,
eine vernünftige Telefonanlage,
Fotokopier- und Druckmöglichkeiten etc. ...
Ich flippe zunehmend aus, brülle herum,
weil nichts im Büro funktioniert und alles im Chaos
versinkt. Das Büro erinnert mehr an
die Studierstube eines weltfremden Gelehrten
denn an eine bürokratische Schaltstelle.*

zwei Monate nach Amtsantritt, 1986,
in: "Regieren geht über Studieren"

## MISSLUNGENE HINRICHTUNG

Ich bin eben als Todeskandidat
ein Spezialist für misslungene
Hinrichtungen. Es war ja nicht
das erste Mal, dass man mich in
meiner Partei unters Messer schieben
wollte, aber ich bin eigentlich
immer mopsfidel wieder vom
Schafott heruntergehüpft.

über den Grünen-Parteitag, 1997, in: "Spuren der Macht"

## MITTELGEWICHT

Die USA sind eine Gewichtsklasse für sich,
ein Super-Schwergewicht. Die Europäer sind dabei,
aus verschiedenen leichteren Klassen allmählich
ein oberes Mittelgewicht zu formen.
Das wird die entscheidende Herausforderung
der nächsten Jahre für die EU sein.

über Europa, 1999, in: "Der Spiegel"

## *MODERGERUCH VERTREIBEN*

***Kohl demonstriert eine unglaubliche Wessi-Arroganz. Wenn die auch noch zur Rechtfertigung des Westberliner Korruptionssumpfes dient, ist das schon ein starkes Stück. Nach der Devise: Wenn wir nur die Freiheitsfahne schwenken und die antikommunistische Keule schwingen, dann wird der Modergeruch verweht, den die Skandale um Kohl und Landowsky absondern. Ich glaube, das wird sich als großer Irrtum entpuppen.***

über Helmut Kohls Ankündigung, sich in den Berliner Wahlkampf einzumischen, 2001, in: "Die Woche"

## *NA PRIMA*

*... da war der Landesvorstand
am Apparat und sagte: Wir haben drei drin,
mit 'n paar Stimmen, du bist Abgeordneter.
Sag' ich: na prima,
jetzt bin ich halt Abgeordneter.
Warum nicht?*

1983, in: "Joschka Fischer. Der Marsch durch die Illusionen"

## NACHBARN

**Anarchie ist machbar, Herr Nachbar.**

Spontispruch bei Flughafen-Demos in Frankfurt Anfang der 70er Jahre, in: "Joschka Fischer. Eine Karriere"

NEBEN SICH STEHEN

Klar, manchmal stehe ich schon neben mir und denke: Huch, du hier!

über sich als Außenminister, 1998, in: "Spuren der Macht"

## NEUE HÜTTE

***Das ist jetzt meine Hütte.
In 10000 Metern Höhe.
Ich glaub' es nicht.***

als Außenminister im Regierungsjet, 1998

## NICHT CARUSO

Zu lange Haare, zu wenig Haare und leider nicht Caruso.

über Guildo Horn, 1998, in: "Stern-Chat"

## NICHT WEGDUCKEN

***Denn in dem Moment, wo es Widerstand gibt, wo es Prügel setzt und die Brocken Ihnen nur so um die Ohren fliegen, müssen Sie überzeugt sein, oder Sie werden sich wegducken. Und Wegducken heißt Niederlage.***

in einem Appell an seine Partei, ihre Politik überzeugender zu verkaufen, 1999, in: "Der Stern"

## NORDSEE

**Wäre die Nordsee eine Großbank und der Rhein ein multinationaler Chemiekonzern, beiden ginge es hervorragend, umsorgt und umhegt von allen Mächten der Politik, der Industrie und der Finanzwelt.**

über den Schutz der Umwelt, 1989,
in: "Der Umbau der Industriegesellschaft"

## OBACHT!

**Henkel ist eine abgeschaltete Ampel auf einer gefährlichen Kreuzung. Obacht!**

über den BDI-Präsidenten Henkel, der die Ökosteuer eine rote Ampel nannte, 1998, in: "Stern-Chat"

## OFFENER VOLLZUG

Appartement ist übertrieben.
Das ist offener Vollzug, ein quadratischer Raum
mit Kochnische, integriertem Klo und Badezimmer.

über seine Bonner Wohnung, 1985,
in: "Playboy"

## ÖKO-TRINKEN

Roter Wein
für grüne Kehlen!

bei einer Bestellung in seinem Frankfurter Lieblingslokal,
in: "Joschka Fischer. Eine Karriere"

## OPFER VERHÖHNT

***Sie werden für diese Verhöhnung der Opfer bei so manchem alten Kämpfer und bei den SS-Traditionsvereinen, aber auch bei Arisierungsgewinnlern in der deutschen Industrie ... (Zwischenruf Theo Waigel, CDU/CSU: „Das ist böse") – ja, das ist böse – noch so manche Stimme und Spende für ihre christliche Partei lockermachen, das ist gewiss.***

zu Heiner Geißlers Vorwurf, der Pazifismus der 30er Jahre
habe Auschwitz erst möglich gemacht, 1983 im Bundestag

## PALAVERKULTUR

Das Geheimnis der Grünen ist ja, dass sie in unheimlich zähem Streit zu Konsensen finden. Da wundere ich mich oft selbst darüber. Ich nenne das eine Palaverstruktur. Das ist eine bißchen wie bei primitiven Gesellschaftsformen, die sehr demokratisch sind. Jeder hat Sitz und Stimme. Da hebt ein großes Palaver an.

über die Grünen, 1985, in: "Playboy"

## *PANZERNASHORN*

*Herr Henkel besitzt die politische Sensibilität eines Panzernashorns beim Sturmangriff. Er tut ja gerade so, als ob das deutsche Volk bei Landtagswahlen im Zustand des Vollrausches entscheidet.*

über den BDI-Präsidenten Henkel,
der wegen der Blockade von Bundesrat und Bundestag
Änderungen des politischen Systems forderte,
1997, in: "Bild am Sonntag"

## PAPST STATT FÜHRER

**Bei meinen Eltern hatte der Nazismus keine Chance. Da hätte der Papst der Hitler sein müssen. Bei uns hatte immer der Papst das Sagen und nicht der Führer.**

1991, in: "Spuren der Macht"

## PDS

Die PDS als pazifistisches Resozialisierungsprojekt von NVA, Volkspartei und Berufsmilitärs, eine Partei, die keinen einzigen neuen Gedanken hat.

über die PDS, 1994, in: "taz"

## PFINGSTOCHSEN

**Da stehen sie nun da, die Regierenden in Bonn und München, schlampig dekorierten Pfingstochsen der Stromkonzerne gleich, und werden diesen ähnlich und laut muhend von Bennigsen-Foerder durchs politische Dorf Bundesrepublik Deutschland getrieben. Der energiepolitische Ochsensepp von der VEBA muss das öffentlich nicht einmal in Abrede stellen.**

über die Macht der Stromkonzerne und des VEBA-Chefs
Bennigsen-Foerder, 1989, in: "Der Umbau der Industriegesellschaft"

## PICKEL

**Bei vielen PDSlern kriege ich nach wie vor Pickel.**

über die PDS, 2001, in: "Die Woche"

## PISTOLERO

... als niemand anderes als der bayerische Ministerpräsident gewissermaßen als reisender Pistolero fremde Diktatoren besucht und ihnen dort ... (Zwischenruf Theo Waigel, CDU/CSU: „Unverschämtheit!") Es passt doch nicht zu Ihrem Aufzug, wenn Sie hier randalieren! Glauben Sie mir das doch. Das passt doch nicht. Sie bezeichnen uns als Spinner und ähnliches, werfen uns vor, wir würden der Würde nicht gerecht werden, verschanzen sich aber hinter Schlips und Kragen und benehmen sich in einer Art und Weise, die Sie uns immer vorwerfen. Nun hören Sie doch einmal zu. Ich war doch nicht bei Marcos. Das war doch der Herr Strauß ...

Fischers erster Rede-Auftritt, 1983 im Bundestag

## PRIMATENHORDE

Kanther ist eine bizarre Figur, ein echter Zögling des schönen Don Alfredo Dregger, und wie sein großer Bruder ist er nicht nur deutschnational bis in die Knochen, er sieht auch noch so aus! Schneidend autoritär in Gestus und Diktion führen seine flammenden Tiraden zu atavistischen Reflexen bei seiner Fraktion: Wie besessen hämmert die CDU dann auf das gebrechliche Gestühl des Landtags ein, einer Primatenhorde gleich, die sich im rituellen Klopfen auf morsches Holz ihrer Gemeinschaft zu versichern pflegt. Und das betreiben die seit 41 Jahren so!

über die CDU-Fraktion im Hessischen Landtag, 1986, in: "Regieren geht über Studieren"

## PRIMITIV

*Die so genannten Primitiven hatten ein viel bewussteres Verhältnis zu dem, was Gewalt ist. Dort durfte das jeder machen, wenn er es nur selbst verantworten konnte. Schlimm wird es erst, wenn die Gewalt von Machtmaschinen ausgeübt wird, die sich im Grunde nicht selbst gefährden. Hier finde ich, dass die Grünen einen Ansatz darstellen, der ein Stück Primitivität in diesem guten Sinne bedeutet, indem sie nämlich diese Machtapparate tatsächlich entmachten wollen.*

1985, in: "Playboy"

## *PSYCHOKRIEG*

***... ein Nichtabreißenwollen eines Psychokrieges aller gegen alle. Du hast das Gefühl, 28 Abgeordnete plus einer noch nicht näher fixierten Zahl von Nachrückern beginnen einen gewaltigen Kampf untereinander, jeder gegen jeden, mancher gegen manche, Stunde für Stunde, Tag für Tag.***

über die Anfänge der ersten grünen Bundestagsfraktion, 1983, in: "Pflasterstrand"

## RABATZ

**Und für Rabatz waren wir zuständig. Darauf waren wir geeicht. Wir wussten, wie man mit der Polizei umzugehen hatte.**

über Spontis und Grüne, in: "Joschka Fischer. Der Marsch durch die Illusionen"

## RATZINGER

Mancher denkt ja mittlerweile bei uns wie Kardinal Ratzinger und gebärdet sich auch so. Dogmenverwaltung aber passt nicht zu einer Reformpartei.

über die Grünen, 1996, in: "Der Spiegel"

## RAUS AUS DER ALTEN SCHEISSE

**Ich bin sicher, wäre ich 20 Jahre jünger,
dann wäre ich bei den Punks gelandet.
Da ist zwar viel Abfuck dabei,
ich idealisiere das gar nicht,
aber da ist eben auch
ein gutes Protest-Feeling,
raus aus der alten Scheiße,
was Eigenes machen.
Das gefällt mir.**

1985, in: "Playboy"

## RECHTSBRÜCHE

Ich werde weiter
Rechtsbrüche in Kauf nehmen,
um menschliche Verhältnisse
zu schaffen.

über Sitzblockaden und legitime Gewalt, 1983,
in: "Der Spiegel"

## REGIERUNGSWURST

Zweimal hatten die Konservativen
das Maul bereits aufgesperrt und zum
Biss in die Regierungswurst angesetzt –
zweimal haben sie sich dank grüner Hilfe
kräftig in die eigene Zunge gebissen.

über die enttäuschten Hoffnungen der CDU auf den Machtwechsel
in Hessen, 1985, in: "Regieren geht über Studieren"

## REPUBLIKANERFORMAT

**Schauen Sie sich diese Truppe an,
Schäuble mit seinem neonationalistischen
Gerede, Herrn Kanther, ja mei, ein Drittel
von denen hat Republikanerformat.**

über die CDU, 1994, in: "Der Spiegel"

## REVOLUTIONÄR

**Ich war Revolutionär und kein Demokrat.**

über seine Frankfurter Zeit als Sponti, 2001, in: "Bild"

## *RINDVIECH*

*... und mancher erweist sich als unglaubliches Rindviech, aber auch die Rindviecher hat Gott, der Herr, geschaffen.*

über seine Auseinandersetzungen mit der eigenen Partei um eine rot-grüne Koalition, 1995, in: "Spuren der Macht"

## ROLLMÖPSE

**Aha, jetzt kommt die Rache der Rollmöpse.**

zur Kritik, er kümmere sich wegen seiner Abmagerungskur und dem Laufen zu wenig um die Politik, 1998, in: "Der Spiegel"

## RUNTERSCHLUCKEN

**... Politiker, das sind die Menschen mitden schmalen Lippen. Weil man so viel wegstecken muss. Runterschlucken muss. Das ist überall so, wo man in eisigen Regionen rummacht. Ein Tritt daneben, und es geht abwärts.**

1995, in: "Spuren der Macht"

## SACK DRESCHEN

Kein Sack wird innerhalb der Grünen so ausdauernd gedroschen wie die Basisdemokratie, und meistens meint man damit den Esel Macht.

über die Basisdemokratie, 1983, in: "Von grüner Kraft und Herrlichkeit"

## SADISTISCHE LANGWEILEREI

**Abends nehme ich aus Neugier und zur Erbauung am Neujahrsempfang der Industrie- und Handelskammer Wiesbaden teil. Erneut stelle ich tiefsinnige Betrachtungen über patriarchale Subkulturen an, während die jeweiligen Redner mit fast sadistisch zu nennen der Langweilerei ihr hochmögendes Publikum quälen. Erschien mir schon der Bundestag bei meiner ersten Begegnung mit dem Hohen Haus als ein Relikt der fünfziger Jahre, so kann man bei dieser nahezu ausschließlichen Herrenversammlung ruhig nochmals ein Jahrzehnt abziehen.**

1986, in: "Regieren geht über Studieren"

## SAUFEN

Wenn Sie viel saufen, können Sie auch billigen Wein nehmen, ab einem bestimmten Blutalkoholpegel ist es schade, einen teuren Wein zu trinken.

über das Trinken, 1997, in: "Spuren der Macht"

## *SCHAUSPIELER*

*Ich kenne den Gerhard Schröder schon ewig. Sie glauben doch nicht im Ernst, dass ich seine Schauspielerei auch nur eine Sekunde für bare Münze nehme.*

über Schröders teilweise arrogantes Verhalten den Grünen gegenüber, 1997, in: "Spuren der Macht"

## SCHEITEL UND FRISUR

Bei Spranger beeindrucken allein Scheitel und Frisur. Wie lange der Mann zu diesem erhabenen Kunstwerk wohl jeden Morgen braucht.

über Carl-Dietrich Spranger (CSU), 1986, in: "Regieren geht über Studieren"

**SCHEIDUNG**

**Dieser Blitz traf mich aus heiterem Himmel, die Erde tat sich vor mir auf, der Himmel fiel mir auf den Kopf, und unter der Wucht der emotionalen Katastrophe zerbrach mein bisheriges Leben innerhalb kürzester Zeit.**

zur Trennung von seiner zweiten Frau,
in: "Mein langer Lauf zu mir selbst"

## SCHIESSWÜTIGER ZELLULOID-COWBOY

**Vergessen wir nicht: Für die Knüppel schwingenden Politiker der Reagan-Regierung sind wir hier in der Bundesrepublik lediglich die Zentralfront in ihrem weltweiten Konfrontationsschema. Der Bundeskanzler vertraut diesem schießwütigen Zelluloid-Cowboy das Schicksal unseres Landes an.**

zur militärischen Intervention der Vereinigten Staaten in Grenada, 1983 im Bundestag

## SCHLECHT GENUG

Die Wähler müssen die Frage beantworten, ob sie allen Ernstes glauben, dass er in den kommenden vier Jahren besser sein wird als in den letzten vier Jahren - und die waren schon schlecht genug.

über Helmut Kohls Politik, 1997,
in: "Bild am Sonntag"

## SCHLUCHZ

**Marita, die Tränenreiche und kommende Staatssekretärin für Frauenfragen, schluchzt völlig aufgelöst über den Flur der Fraktion in Wiesbaden. Katastrophisches droht von dieser emotionalen Erschütterung, und mir fährt der Schreck in die Glieder – für eine lange halbe Minute. Die Kenntnis der Ursache lässt mich erleichtert durchatmen: Die CDU droht mit einer Verzögerung der parlamentarischen Verabschiedung des Haushalts um circa eine Woche. ... und daher geraten Maritas lange gehegten Urlaubspläne in ernste Gefahr. Solche Sorgen wünsche ich mir auch.**

über Marita Haibach (Die Grünen), 1985,
in: "Regieren geht über Studieren"

## SCHNAUZE HALTEN

**Vergessen wir die Wiedervereinigung. Halten wir die nächsten zwanzig Jahre die Schnauze darüber.**

in: "Joschka Fischer. Der Marsch durch die Illusionen"

## SCHNAUZE VOLL

Eine der Hauptursachen für den Psychokrieg bei den Grünen war die Entscheidung, dass die Abgeordneten zur Halbzeit der Legislaturperiode ausgetauscht werden. Seit das mit wenigen Ausnahmen akzeptiert ist, ist der Krieg quasi beendet. ... persönlich wünsche ich mir, es wäre Nacht oder die Rotation käme morgen. Ich habe die Schnauze gestrichen voll von diesem Laden.

über die erste grüne Bundestagsfraktion, 1985, in: "Playboy"

## *SCHWACHSINNSPAROLEN*

*Auf keinen Fall wollen wir dieses Runkelrüben-Prozedere der anderen Parteien, also Köpfe berühmter, berüchtigter oder sonstwie öffentlich liebgewordener Politiker und Politikerinnen zum Wahlinhalt machen, begleitet von irgendwelchen Schwachsinnsparolen, ins Grüne mit den Grünen oder so ähnlich ...*

über die Art des grünen Bundestagswahlkampfes, 1985, in: "Playboy"

## SCHWADRONIEREN

Wenn Sie Gysi über den eigenen Berliner Laden reden hören, wissen Sie, was für eine Truppe von gestern das ist! Und wenn ich dann noch den stellvertretenden PDS-Vorsitzenden Diether Dehm aus Frankfurt am Main über die Verstaatlichung von BMW und Daimler-Chrysler schwadronieren höre, dann kann ich nur sagen: Fast geschieht es der PDS recht, dass sie den hat. Die Frankfurter SPD hat lange unter ihm gelitten, die schlägt drei Kreuze, dass sie ihn an die PDS losgeworden ist. Ohne Rückfahrkarte.

über die PDS, 2001, in: "Die Woche"

SCHWAN KÜSSEN

Wenn die Mehrheit es morgen erfordert, dass er sich zu Kaiser Wilhelm stilisiert, würde er sich einen wunderbaren Zwirbelbart zulegen. Und wenn es notwendig wäre, als bayerischer König Ludwig II. ins Kanzleramt zu kommen, würde er im Starnberger See schwimmen und einen Schwan küssen.

über Gerhard Schröders Bemühungen, Bundeskanzler zu werden, 1997, in: "Der Spiegel"

**SCHWARZE MESSE**

**... erst in der Kathedrale der messianischen politischen Idee haben sich das Banale und das Böse gefunden und so erst jene in Weltkriegen und Völkermorden zelebrierte Schwarze Messe des 20. Jahrhunderts in Europa möglich gemacht.**

über die Geschichte, 1992, in: "Die Linke nach dem Sozialismus"

*SCHWERE INFANTERIE*

*Von der Individualpsychologie her bin ich wohl der schweren Infanterie zuzuordnen. Wo sich Fischer eingegraben hat, da gräbt er weiter und rührt sich nicht von der Stelle. Das ist eine meiner urbäuerlichen Tugenden.*

über sich selbst, 1998, in: "Spuren der Macht"

SELBSTBESCHÄFTIGUNG

Mein größter Fehler war, dass ich mich nie in einem ehrlichen Sinn mit mir selbst beschäftigt habe.

über sich selbst im Rückblick, 1998, in: "Spuren der Macht"

## *SEXUALANGST*

***Die geballte Aggression trifft unsere Frauen viel mehr als die Männer. Zum Beispiel werden sie auf die übelste Art angegriffen, wie: „Wollen mal sehen, ob das überhaupt 'ne Frau ist" oder „Guck dir mal den Besen an". ... als eine Frau von uns im Parlament über Vergewaltigungen in der Ehe gesprochen hat, kamst Du Dir vor wie in einem Herrenclub, wo Arroganz und Sexualangst zu dem berühmten Männergrinsen führen.***

über Männer im Bundestag, 1983, in: "Pflasterstrand"

## SHOW

Das politische Pendant zur Samstagabend-Show sind die Volksparteien. Deswegen habe ich mich auch nie in die SPD oder gar in die CDU verirrt.

über Politik und Showgeschäft, 1999, in: "Spiegel reporter"

## SOLIDARITÄT

**Gerade weil unsere Solidarität den Genossen im Untergrund gehört, weil wir uns so eng mit ihnen verbunden fühlen, fordern wir sie hier auf, Schluss zu machen mit diesem Todestrip, runterzukommen von ihrer bewaffneten Selbstisolation, die Bomben wegzulegen und die Steine und einen Widerstand, der ein anderes Leben meint, wieder aufzunehmen.**

in einer Rede auf dem Pfingstkongress vor dem Frankfurter Römer, 1976, in: "Joschka Fischer. Eine Karriere"

**_SO 'N FRECHER_**

***Meine Mutter war von der Sorte,
dass Sie entweder so'n Frecher werden,
wie ich dann geworden bin,
oder ein Muttersöhnchen,
eine Knechtsgestalt des Matriarchats
mit schlimmem Ausgang.***

über seine Mutter in: "Joschka Fischer.
Der Marsch durch die Illusionen"

**SO WIRST DU NICHT ENDEN**

**Nach seinem Tod durfte ich die Hinterlassenschaften
meines Vaters mit nach Hause nehmen.
Die nach Fett riechende Arbeitstasche eines
Metzgers, die Arbeitsklamotten und das wenige,
was er so hatte. Da sagte ich mir:
Nein, so nicht, so wirst du nicht enden.
Damit hatte ich mich endgültig entschlossen,
die mir vorgegeben Existenz
hinter mir zu lassen und
mich auf die Socken zu machen.**

über den Tod seines Vater 1966, in: "Spuren der Macht"

SPORTLICHKEITSGETUE

Ich kann dieses ganze Sportlichkeitsgetue der Enkel
nicht ausstehen. Ab einem gewissen Alter sehen
ein Mann und eine Frau eben anders aus.

über sein Gewicht von 95 Kilo, 1991, in: "Spuren der Macht"

*STAHLBÜRSTE*

*Ich bin diese Form der Politik leid. ... Wir schauen
nur noch darauf: Was merken die Leute, was merken
sie nicht. Vor den Wahlen wird ihnen Honig
ums Maul geschmiert, nach den Wahlen wird er ihnen
mit der Stahlbürste vom Gesicht gekratzt.*

über den Wahlkampf, 1997, in: "taz"

## STALIN

***Stalin war so ein Typ wie wir – nicht nur dass er sich als Revolutionär verstanden und gelebt hat, sondern er war im wahrsten Sinne des Wortes eben auch ein Typ.***

Selbsteinschätzung in den 70er Jahren,
in: "Joschka Fischer. Eine Karriere"

## STEIFE KRÄHENVERSAMMLUNG

Erstaunlich ist, dass an diesem Bundestag scheinbar der Zeitgeist vorübergegangen ist. Diese steife Krähenversammlung erinnert mich an ein Turnier der Standardtänze, das ich in Erwartung eines Sportereignisses ab und zu im Fernsehen sehe.

über den Bundestag, 1983, in: "Pflasterstrand"

## STEINZEIT, NEIN DANKE

**... waren diese Umweltbewegung und ihre Themen in der Gesellschaft und vor allem in der politischen Klasse stigmatisiert als exaltiertes Vergnügen steinzeitvernarrter Zivilisationsdeserteure, von öffentlicher Unterstützung lebender Müslis und grün eingefärbter Linksradikaler und so genannter Verfassungsfeinde. „Steinzeit, nein danke!" lautete damals, Ende der siebziger Jahre, die ... Antwort ...**

über Reaktionen auf die neue Umweltbewegung, 1989,
in: "Der Umbau der Industriegesellschaft"

## *STRAFE EREILT*

*Mir ist es ja gelungen, diese ganze Psychophase der 70er Jahre zu überstehen, ohne einmal in eine solche Gruppe, sei es Männergruppe, Psychogruppe oder so was, reinzugeraten. Und nun muss ich mit Bestürzung feststellen, dass mich die Strafe Wilhelm Reichs mit umso größerer Macht ereilt hat.*

über die Anfänge der ersten grünen Bundestagsfraktion, 1983,
in: "Pflasterstrand"

STRASSENKATER

Ich bin und bleibe ein alter Straßenkater, das schützt auch. Man nimmt die Dinge nicht so ernst, fährt nicht auf Äußerlichkeiten, Staatshoheiten und diesen ganzen Krempel ab. Denn letztlich ist das alles ziemlich langweilig. Wenn man es einmal erlebt hat, zieht man doch lieber wieder seine Jeans an und geht zum Italiener um die Ecke. Diese Gewissheit macht einen selbstsicher, auch sich selbst gegenüber. Man weiß, eine ordentliche Brotzeit ist mir doch lieber als dieses ganze Chichi.

über sich selbst, 1994, in: "Spuren der Macht"

***SURREAL***

***Du sitzt da, zweite Reihe vis-à-vis Stoltenberg, eineinhalb Meter schräg rüber Herr Kohl neben Herrn Barzel, links von mir. Da saßen die alle in diesen Schulbänkchen, in denen wir auch die Ehre hatten Platz zu nehmen. Rechts von mir Willy Brandt und Vogel – das war schon äußerst surreal.***

über sein Gefühl im Bundestag, 1983, in: "Pflasterstrand"

TARI-ANTI

Wenn ein Anti-Parlamentarier nur noch im Parlament als Anti-Parlamentarier überleben kann, so macht er das Parlament eben zum Anti-Parlament, indem er Parlamentarier wird, oder das Parlament anti-parlamentariert sich, weil der Anti-Parlamentarier parlamentisiert, oder das Antiment parliert den Tari-Anti, oder ... Kurz: der Schwachsinn hält seinen Einzug in die Volksvertretung, vertreten von uns!

über die neue subversive Sponti-Strategie des Anti-Parlamentarismus, 1978, in: "Von grüner Kraft und Herrlichkeit"

*TIBETANISCH*

*Börner verliest mit der Monotonie eines tibetanischen Mönches beim Gebet die Verdienste des zu Dekorierenden, ergreift dann die Schleife, zieht sie dem Intendanten ruckartig über den Kopf, wobei sich die zu ehrende Nase als ein ernstes Hindernis erweist, dann ein zweiter Ruck, und das Bundesverdienstkreuz baumelt endlich dort, wo es hingehört ...*

über Holger Börner (SPD), 1986, in: "Regieren geht über Studieren"

## TIEFPUNKT

*Stimmungsmäßig hänge ich auf einem Tiefpunkt. Das ganze Theater um Stellen, Geld, Filterstäube, Entgiftungsprogramm, Giftmüllexport, Fischer-tu-dieses und Fischer-lass-jenes stinkt mir zusehends mehr. Da räumt man eine Geröllhalde aus dem Weg, nur um hinter der nächsten Biegung auf eine noch mächtigere zu stoßen.*

über seinen Job als Umweltminister, 1986, in: "Regieren geht über Studieren"

## TIGER REITEN

**Ich halte die Bonner Politik: Habe Armee, suche Auftrag, für völlig falsch. Vom Nationalismus geht in diesem Land die Hauptgefahr aus, das darf die deutsche Linke niemals vergessen. Schäuble ist für mich derjenige in der Union, der diesen deutschnationalen Tiger zu reiten versucht.**

über Bestrebungen, die Bundeswehr global interventionsfähig zu machen, 1994, in: "taz"

## TRICKSER

Eine tanzende Elefantenherde im Porzellanladen könnte nicht so viel Scherben hinterlassen wie Sie! Sie sind vom obersten Stabilitätskommissar zum Trickser geworden. Ihnen gebührt die Goldmedaille für kreative Buchführung.

über Theo Waigels Finanzpolitik, 1997 im Bundestag

## TRINKEN

***Ich habe hier auch eine Zeit lang ziemlich getrunken, allein um schlafen zu können.***

über das unter Parlamentariern verbreitete Trinken, 1985, in: "Playboy"

## TODLANGWEILIG

**Ich muss hier Dinge tun, die mich im Grunde zu Tode langweilen. ... Diese ganze Juristerei! Wir haben es doch zumeist doch nur mit Paragraphen und Paragraphenrittern zu tun, das ist ein wesentlicher Bestandteil der Politik hier.**

über Politik, 1985, in: "Playboy"

## TRÜMMER

**Sie hinterlassen eine haushaltspolitische Trümmerlandschaft. Das Ende der Ära Kohl naht.**

zu Theo Waigel, 1997 im Bundestag

## *TURNSCHUHE*

*Turnschuhe müssen her, denn meine alten sind hinüber. Gesagt, gekauft. Mit prächtigem Weiß beschuht werde ich also morgen den Eid ableisten im Landtag zu Wiesbaden und dann: Nie wieder Turnschuhe!*

über den Tag vor der Vereidigung zum ersten grünen Umweltminister, 1985, in: "Regieren geht über Studieren"

## ÜBERBEZAHLT

**Aber ich bin eben nicht der Prototyp des Zauderers und auch nicht der scheinbar Sanfte in Latzhosen, der sich dann mit vielen Tricks durchsetzt. Ich haue mich gerne, auch politisch. Es ist sicher nicht einfach, mich zu schultern. Aber so bin ich eben. Außerdem finde ich, ein Abgeordneter, der elf- bis zwölftausend Mark im Monat verdient und beim ersten lauten Huster nach Mami ruft, ist überbezahlt. Die Politik ist ein hartes Geschäft.**

über den Vorwurf, er sei autoritär, 1992, in: "Spuren der Macht"

## UNKRAUTGARTEN

Wir sind ein schöner Unkrautgarten, sehr lebendig, sehr chaotisch im Verhältnis zu diesem gepflegten Golfrasen, als den man die Bonner Altparteien vielleicht bezeichnen könnte. Da tut sich auch nicht mehr allzuviel im Erdreich. Bei uns ist das anders. Da kommt so mancher Mistkäfer um die Ecke.

über die Grünen, 1983, in: "Der Spiegel"

## UNTERHAUS

**Die werden ihr wunderschönes Unterhaus ... nicht zugunsten eines Zweckbaus auf dem Kontinent aufgeben.**

über die Weigerung der Briten, das Europäische Parlament zu stärken, 1999, in: "Der Spiegel"

## UNTERHOSENBESCHLÜSSE

Der BHA ist ein Gremium, das nur „immer wieder mal" tagt. Im Moment tagt er in wilder Hektik alle sechs Wochen und fällt Unterhosenbeschlüsse. Welche Unterhosen in welcher Farbe und welcher Beschaffenheit muss der grüne Abgeordnete tragen, damit er dem durch den BHA definierten Basiswillen entspricht.

über den Bundeshauptausschuss der Grünen, 1983, in: "Pflasterstrand"

## VERDRÄNGUNGSSUMPF

**Als Waltraud Schoppe ihre erste Rede hielt, haben sich diese CDU-Idioten aufgeführt, das war teilweise richtig gemein. Da sind tief sitzende irrationale Dinge hochgekommen, so in der Art, guck an, guck an, hast wohl schon lange nicht mehr, und dazu saß Friedrich Zimmermann mit seinem schiefen Grinsen auf der Regierungsbank und klopfte sich auf die Schenkel. Unsere Frauen haben da in einen Verdrängungssumpf reingestochen, dass es nur so geklatscht hat.**

über die Anfangszeit im Parlament, 1985, in: "Playboy"

*VERFETTUNG*

*Aus dem Einreiher wurde ein Zweireiher, aus der normalen Größe des Anzugs die bauchverhüllende Zwischengröße, die Hemden wurden fortan ausladend getragen und öffentliches Badevergnügen mit dem Hinweis auf das Ozonloch gemieden.*

über seine Gewichtszunahme, 1999,
in: "Mein langer Lauf zu mir selbst"

VERHANDELN UND ZUHAUEN

Wir hatten nie Berührungsängste zur SPD,
wir wussten, was wir wollten.
Wir haben verhandelt
und gleichzeitig zugehauen.

über sein Verhandlungskonzept, in: "Joschka Fischer. Eine Karriere"

***VERLIEREN LERNEN***

***Vom Sozialismus lernen heißt verlieren lernen.***

über die Lehre aus dem Fall des Staatskommunismus,
1992, in: "Die Linke nach dem Sozialismus"

**VERNICHTET WORDEN**

**... von der Reaktion
in den Tod getrieben,
im wahrsten Sinn des Wortes
vernichtet worden.**

über den Tod Ulrike Meinhofs, 1976,
in: "Joschka Fischer. Eine Karriere"

***VERSAGT***

***Auf allen Gebieten habe ich schon versagt,
in der Politik, im Bett, moralisch ...
Was gibt es noch? Überall ist es schon vorgekommen,
dass ich gesagt habe, Scheiße!
Die Frage ist nur, wie steht man das durch.
Meine Nehmerqualitäten sind gut ausgebildet.
Das beruhigt mich.***

1985, in: "Playboy"

## VERWANDLUNGEN

**... die Verwandlung des Amtes durch den Menschen dauert eben etwas länger als die Verwandlung des Menschen durch das Amt.**

über den Einfluss des Außenamtes auf seine Person, 1998, in: "Spuren der Macht"

## *VERZWEIFELT*

*So geht mir das immer, wenn ich ganz verzweifelt bin. Ja, ich bin es fast täglich über meine Partei. Dann denke ich an Heiner Geißler, und sofort gefallen mir bestimmte Gesichter wieder viel besser. Das ist nichts gegen Sie, sondern gegen Ihre politische Richtung.*

im Streitgespräch mit Heiner Geißler, 1984, in: "Der Spiegel"

## ***VÖLLIGER QUATSCH***

***Ich war ein Vierteljahr bei Opel, da stellte ich fest: all das, was in unserem theoretischen Konzept drin ist, stimmt nicht. Die Arbeiter dort wollten net die Revolution. ... völliger Quatsch.***

über seine Erfahrung, die Revolution in die Betriebe zu tragen, 1971, in: "Joschka Fischer. Der Marsch durch die Illusionen"

## WAHN UND WIRKLICHKEIT

Wenn man Tag und Nacht und sieben Tage in der Woche hinter der Revolution herackert, da weiß man nach sieben Jahren nicht mehr, was Wahn und was Wirklichkeit ist.

über sich selbst in den 70er Jahren, 1985, in: "Joschka Fischer. Eine Karriere"

## *VOM ACKER GEMACHT*

*Er war Vorsitzender der SPD. Wenn sich der kommandierende General im entscheidenden Augenblick, wenn es bleihaltig wird in der Schlacht, vom Acker macht und Ihnen hinterher erzählt, wie Sie den Krieg hätten gewinnen können, ist das doch sehr seltsam, oder?*

über Oskar Lafontaines Abgang und die folgenden Wahlniederlagen der SPD, 1999, in: "Der Stern"

## *WACHSFIGURENKABINETT*

*Und so tagt da mittlerweile ein veritables Wachsfigurenkabinett des Dr. Kohl: Wörner und sein Sicherheitsrisiko, der Graf mit seinen versunkenen Schätzen, ein piepsender Laokoon als Postminister, von der Gruselabteilung Geißler und Zimmermann ganz zu schweigen. Hauptsache, Strauß bleibt in München.*

über die Affäre Wörner/Kießling, 1984, im Bundestag

## *WAFFEN*

***Nee, also wirklich: Wer schläft schon gerne auf Waffen und Sprengstoff, wenn er nicht gerade Carlos heißt? Das ist grotesk. Wer Dany und mich kannte, wusste, es gibt keinen ungeeigneteren Platz.***

über die Aussage des Terroristen Carlos, in Fischers Wohnung seien Waffen gelagert worden, 2001, in: "Bild"

## WEN INTERESSIERT DAS

**Seien wir doch ehrlich: Wer von uns interessiert sich denn für Wassernotstände im Vogelsberg, für Stadtautobahnen in Frankfurt, für Atomkraftwerke irgendwo, weil er sich persönlich betroffen fühlt?**

über Spontis und Ökologie, 1978, in: "Von grüner Kraft und Herrlichkeit"

## *WILLE*

***Wollt ihr mich oder eure Träume?***

beim Kosovo-Sonderparteitag der Grünen in Bielefeld, 1999

## WINNETOU

Warum sollen wir denn zurückschauen? Wie Winnetou müssen wir vorausschauen.

über seine Zukunft, 1999, in: "Spiegel reporter"

## WÜRGER

Jetzt gelte ich als Röstel-Würger

nach der Ablösung von Gunda Röstel als Vorstandssprecherin, 2000, in: "Joschka Fischer. Eine Karriere"

## *ZAMPANO*

***Und man kann sich auch an der Machtpartizipation berauschen, daran, wie man im Parlament den großen Zampano mit dem Joint in der Hand raushängt ... und wie man überhaupt diese ganze parlamentarische Bude auflaufen lässt. Ästhetisch sind solche Ideen recht kreativ, politisch führen sie lediglich zu Enttäuschungen.***

über Perspektiven der Spontis, 1980, in: "Von grüner Kraft und Herrlichkeit"

## ZELTMISSION

Wir Grünen fingen als Zeltmission an, jetzt sollten wir uns eine Holzkirche leisten, lieber noch eine kleine Steinkirche.

über seinen Wunsch nach klaren Verantwortungsstrukturen bei den Grünen, 2000, in: "Der Stern"

## ZERZAUST

**Früher war ich eher ein junger Streuner, der seine Stärke noch nicht kannte und einmal laut miaute. Und heute bin ich ein alter Kämpe im Katzenrevier. Zersaust, zerrupft und fülliger – aber mit jeder Menge Erfahrungen. In der Auseinandersetzung mit Töpfer und dem Brennelementewerk Hanau ist kein Platz für eine Hauskatze.**

über seine politische Entwicklung, 1991, in: "Spuren der Macht"

## ZOFF

**Die Atmosphäre war schon toll, wenn man wusste, dass es gleich losgeht. Das ist wie vor einem Gewitter. Die Stimmung vor großen Demonstrationen, wenn Zoff in der Luft liegt, ist vergleichbar einer elektrostatisch aufgeladenen Atmosphäre kurz vor dem ersten Blitz und Donnerschlag.**

1985, in: "Playboy"

## ZU DANY

**Vergiss nicht: Wir wollen alles!**

zum fünfzigsten Geburtstag von Daniel Cohn-Bendit

## *ZUSAMMENZÄHLEN*

***Ich war nie ein so gläubiger Mensch, dass ich wirklich ernsthaft und dauerhaft glauben konnte, eins und eins sei drei.***

über seine Ernüchterung im revolutionären Kampf, in: "Joschka Fischer. Der Marsch durch die Illusionen"

## *ZUSCHLAGEN*

*... in dem Moment, in dem Sie zuschlagen, beginnt ein Mechanismus zu wirken, wo man Macht spürt, und das ist verführerisch, vor allem bei jungen Männern.*

über das Verführerische an Gewalt, 2001, in: "Der Stern"

## ZWÄNGE

Der ist ja eher ein wandelnder Vermittlungsausschuss als ein wirklich mächtiger Mann.

über Helmut Kohl (CDU), 1994, in: "Tempo"

ZUSTÄNDIGKEITEN

... das damalige Umweltministerium bewegte sich von seinen Zuständigkeiten her am Rande des exekutiven Witzes, ich selbst hatte zudem eigentlich weder von der Sache noch vom Regieren auch nur den Schatten einer Ahnung ...

über die Zeit als hessischer Umweltminister, 1999, in: "Mein langer Lauf zu mir selbst"

# III. Über Joschka

**BEACHTLICH**

**Ein hochbegabter Mann
und Politiker. Er hat einen
interessanten Weg zurückgelegt;
er ist intellektuell in der Lage,
Beachtliches zu leisten ...**

Helmut Kohl über Joschka Fischer, 1998, in: "Die Zeit"

*BESITZER UND BESETZER*

*Ich gehöre nach wie vor
zu den Hausbesitzern, aber Joschka Fischer
nicht mehr zu den Besetzern.
Er hat sich geändert, nicht ich.*

Ignatz Bubis über Joschka Fischer, in: "Wir sind die Wahnsinnigen"

**FÜNF MARK**

**Der Joschka Fischer übt ja
beim Marathon jetzt schon
für die Zeit, wenn der Liter
Benzin fünf Mark kostet.**

Ottfried Fischer über Joschka Fischer, 1998

*GESICHT ZEIGEN*

*Joschka Fischer ist der einzige Mensch der Welt,
der Hunger, Waldsterben und Klimakatastrophe
auf einem Gesicht vereinigt!*

Richard Rogler über Joschka Fischer, 1998

**IM FINGER**

**Der hat mehr politischen Sachverstand
in der Spitze des kleinen Fingers
als der gesamte SPD-Vorstand im Kopf.**

Holger Börner über Joschka Fischer, 1987,
in: "Joschka Fischer. Eine Karriere"

## *JEANS UND CERUTTI*

*Jetzt ist er ein Machtinhaber, im Ausland beliebt, in der eigenen Partei nur noch als Zerstörer tätig. Für die deutsche Presse trägt er Jeans und Pullover, das Ausland verwöhnt er mit Cerutti.*

Rudolf Augstein über Joschka Fischer, 1999, in "Der Spiegel"

## JUGENDSÜNDEN

**Jeder hat so seine Jugendsünden.**

Rainer Marx, der von Fischer 1973 verprügelter Ordnungshüter, auf die Frage, ob er dem Minister böse sei, 2001, in: "Die Zeit"

## *KÄMPFER*

*Der erste Startbahn-West-Kämpfer mit Pensionsanspruch*

Helmut Kohl über Joschka Fischer, 1998, im Bundestag

## KELLNER

**Beim Kanzler und seinem Vize stellt sich ja immer die Frage, wer ist der Koch und wer der Kellner? Jetzt wünsche ich dir, lieber Joschka, auch in deiner Ehe ein fröhliches Kellner-Dasein!**

Gerhard Schröder zu Joschka Fischer auf dessen Hochzeit, 1999

## *MACHTEROTIK*

*Das ist die personifizierte Erotik der Macht. Woanders kann man dieser Tage Sprechmaschinen besichtigen, Fischer dagegen redet aus allen Körperteilen. Wenn es darauf ankommt, aus dem Halsspeck.*

ein Wahlkampfbeobachter über Joschka Fischer, 1994

## NEUE PARTNERIN

**Joschka Fischer, eine neue Partnerin. Sie ist Journalistin – was sonst! Er ist 50, sie 29 – er weiß, dass er sich diese Welt von ihr nur geliehen hat! Sie ist 29, hübsch, klug – man kann sagen: Außen Minister, innen Geschmack!**

Harald Schmidt über Joschka Fischer, 1998

*ORDENTLICH*
*Er wird sich schon*
*ordentlich anziehen.*
Gerhard Schröder über Joschka Fischer vor dem Amtsantritt, in: "Joschka Fischer. Eine Karriere"

**PAULUS**
**Der Frankfurter Sponti und Sitzblockierer gegen die US-Rakete „Pershing-2“, das größte Schimpfmaul gegen den verbrecherischen Krieg der USA in Vietnam wirft seine Vergangenheit hinter sich wie der Apostel Paulus. Er betet nun an, was er immer bekämpft hat, den Kriegskapitalismus. Wie das, ohne inneren Schaden zu nehmen? Der Ritter in seiner Edelstahlrüstung, mit Nato-Fähnchen bestückt, verspürt den Bruch gar nicht.**
Rudolf Augstein über Joschka Fischer, 1999, in "Der Spiegel"

*REIF FÜR DIE SPD*
*Joschka Fischers Ehe ist kaputt. Ich habe nachgerechnet: Es ist die dritte. Drei kaputte Ehen – das ist eigentlich reif für die SPD. Viele haben sich gefragt, ist denn wirklich die Ehe kaputt, oder ist das nur das Rotationsprinzip der Grünen?*
Harald Schmidt über Joschka Fischer, 1996

**SCHLÄGER**
**Eine erfahrene Schlägertruppe mit alternativem Gehabe und ohne Skrupel traf auf eine ziemlich naive, basisdemokratische Partei mit offenen Strukturen.**
Jutta Ditfurth über den Eintritt der so genannten Fischer-Gang bei den Grünen Anfang der 80er Jahre

*SEKTENPREDIGER*

*Er hat die „Glaubt mir doch"-Ehrlichkeit*
*eines Sektenpredigers. …*
*Einen Gebrauchtwagen würde man*
*von ihm allenfalls kaufen,*
*einen Neuwagen eher nicht.*

Fritz J. Raddatz über Joschka Fischer,
in: "Joschka Fischer. Eine Karriere"

**VERLETZLICHER**

**Sie wirken auf einmal**
**viel verletzlicher,**
**wie ein kleiner Vogel,**
**der aus dem Nest gefallen ist.**

Herlinde Koelbl über Joschka Fischer nach der Trennung
von seiner Frau, 1997, in: "Spuren der Macht"

*VON MÄNNERN UMGEBEN*

*Er umgibt sich am liebsten mit*
*von ihm abhängigen Männern.*
*Frauen, die ihn auf gleicher*
*Augenhöhe ernsthaft kritisieren,*
*hat er noch nie ertragen.*

Jutta Ditfurth über Joschka Fischer, 2001, in: "Bunte"

**WEGLAUFEN**

**Der möchte halt nicht von seiner**
**Vergangenheit eingeholt werden.**
**Darum läuft der immer gleich Marathon.**

Gerd Fischer über Joschka Fischer auf dem
Münchner Nockherberg, 2001

*WEHNER DER GRÜNEN*

*Ich denke, man muss Joschka*
*einfach zubilligen, dass er*
*vielleicht der Wehner*
*unserer Fraktion sein wird.*

Marieluise Beck-Oberdorf,
Fraktionssprecherin der Grünen,
über Joschka Fischer, 1983, in: "Der Stern"

*ORDENTLICH*

*Er wird sich schon*
*ordentlich anziehen.*

Gerhard Schröder über Joschka Fischer vor dem Amtsantritt, in: "Joschka Fischer. Eine Karriere"

**PAULUS**

**Der Frankfurter Sponti und Sitzblockierer**
**gegen die US-Rakete „Pershing-2“,**
**das größte Schimpfmaul gegen den**
**verbrecherischen Krieg der USA**
**in Vietnam wirft seine Vergangenheit**
**hinter sich wie der Apostel Paulus.**
**Er betet nun an, was er immer bekämpft hat,**
**den Kriegskapitalismus. Wie das,**
**ohne inneren Schaden zu nehmen?**
**Der Ritter in seiner Edelstahlrüstung,**
**mit Nato-Fähnchen bestückt,**
**verspürt den Bruch gar nicht.**

Rudolf Augstein über Joschka Fischer, 1999, in "Der Spiegel"

*REIF FÜR DIE SPD*

*Joschka Fischers Ehe ist kaputt.*
*Ich habe nachgerechnet:*
*Es ist die dritte.*
*Drei kaputte Ehen – das ist eigentlich*
*reif für die SPD.*
*Viele haben sich gefragt,*
*ist denn wirklich die Ehe kaputt,*
*oder ist das nur das*
*Rotationsprinzip*
*der Grünen?*

Harald Schmidt über Joschka Fischer, 1996

**SCHLÄGER**

**Eine erfahrene Schlägertruppe**
**mit alternativem Gehabe und**
**ohne Skrupel traf auf**
**eine ziemlich naive,**
**basisdemokratische Partei**
**mit offenen Strukturen.**

Jutta Ditfurth über den Eintritt der so genannten Fischer-Gang bei den Grünen Anfang der 80er Jahre

*SEKTENPREDIGER*

*Er hat die „Glaubt mir doch"-Ehrlichkeit
eines Sektenpredigers. …
Einen Gebrauchtwagen würde man
von ihm allenfalls kaufen,
einen Neuwagen eher nicht.*

Fritz J. Raddatz über Joschka Fischer,
in: "Joschka Fischer. Eine Karriere"

**VERLETZLICHER**

**Sie wirken auf einmal
viel verletzlicher,
wie ein kleiner Vogel,
der aus dem Nest gefallen ist.**

Herlinde Koelbl über Joschka Fischer nach der Trennung
von seiner Frau, 1997, in: "Spuren der Macht"

*VON MÄNNERN UMGEBEN*

*Er umgibt sich am liebsten mit
von ihm abhängigen Männern.
Frauen, die ihn auf gleicher
Augenhöhe ernsthaft kritisieren,
hat er noch nie ertragen.*

Jutta Ditfurth über Joschka Fischer, 2001, in: "Bunte"

**WEGLAUFEN**

**Der möchte halt nicht von seiner
Vergangenheit eingeholt werden.
Darum läuft der immer gleich Marathon.**

Gerd Fischer über Joschka Fischer auf dem
Münchner Nockherberg, 2001

*WEHNER DER GRÜNEN*

*Ich denke, man muss Joschka
einfach zubilligen, dass er
vielleicht der Wehner
unserer Fraktion sein wird.*

Marieluise Beck-Oberdorf,
Fraktionssprecherin der Grünen,
über Joschka Fischer, 1983, in: "Der Stern"

# IV. Zwischenrufe 1994 bis 1998

**Ministrant ... Er hat zu viel Weihrauch inhaliert**

zu Hans-Peter Repnik (CDU), der Helmut Kohl ausdauernd gelobt hatte

**brennstabpolitische Sprecherin der Bundesregierung**

zu Bundesumweltministerin Angela Merkel (CDU)

**Nebel, dein Name ist Wolfgang! Badische Nebelwand!**

zu Wolfgang Schäuble (CDU), der sagte, er könne sich Fischer schlecht im Nato-Rat vorstellen

**Steuersenkungsayatollahs**

zur FDP

**Avanti dilettanti**

zum Plan, die Goldreserven der Bundesbank aufzuwerten

**ein unsäglicher Dreck, den Sie hier absondern**

zu Alfred Dregger (CDU)

## WARUM?

# Warum müssen wir gerade jetzt regieren?

über den Krieg im Kosovo,
in: "Joschka Fischer.
Der Marsch durch die Illusionen"